会社じんるい学 PART II

中牧弘允
日置弘一郎
廣山謙介
住原則也
三井 泉 他
版画
田主 誠

東方出版

まえがき

本書は『会社じんるい学』（東方出版、二〇〇一年一二月刊。以下、前著として言及）の続編である。前著には大阪新聞に二〇〇一年一月から五月にかけて連載したコラム「会社じんるい学」の第一部（七九回）がまとめられ、本書は第二部（六月末から九月中旬の五九回のうち四六回）と第三部（一〇月下旬から一二月末の四八回のうち三〇回）を収録している。

　レギュラー執筆者は前著と同じく、日置弘一郎（京都大学、月曜）、住原則也（天理大学、火曜）、廣山謙介（甲南大学、水曜）、中牧弘允（国立民族学博物館、木曜）、三井泉（帝塚山大学、金曜）であり、一週間ごとに共通テーマを決め、関心のおもむくままに執筆するというスタイルも従来どおりだった。

　だが、ひとつ新鮮味をだせたと思うのは、共同調査である。大阪を舞台に共同取材をこころみ、薬の道修町《どしょうまち》と中小企業のひしめく東大阪にでかけていった。こうした共同調査が、会社の歳時記とあいまって、紙上に色取りを添えることができたのではないかと思っている。

　もうひとつ色を添えたのは、ゲストライターである。第二部では宇野斉（法政大学）、出口竜也（徳島大学）、出水力（大阪産業大学）、砂川和範（日本大学）、山田慎也（国立歴史民俗博物館）の諸氏に支援をあおぎ、第三部では澤野雅彦（九州国際大学）、澤木聖子（滋賀大学）、前川啓治（筑波大学）の諸氏に登場を願った。レギュラー執筆陣同様、みな国立民族学博物館の会社文化に関する共同研究のメンバーであり、気心の知れた仲間でもある。かれらにはそれぞれの得意のテーマで執筆をしていただいた。

本書の構成は四つの章からなり、それぞれ「会社の時間、サラリーマンの時間」「元気な大阪、元気な日本」「会社の文化、サラリーマンの文化」「会社のなかの外国、外国のなかの会社」と題されている。しかし、紙数の関係で本書には収録できなかったテーマには社葬、日本の企業博物館、イギリスの企業博物館調査などがある。社葬についてはすでに『社葬の経営人類学』（中牧弘允編、東方出版、一九九九）が刊行されているし、企業博物館については『企業博物館の経営人類学』（中牧弘允・日置弘一郎編、東方出版、近刊）を準備しているので、そちらを参照していただければ幸いである。

ところで、忘れてならないのは田主誠氏の頑張りである。月曜から金曜にかけて連日のカットを仕上げるのは、並大抵のことではなかったはずである。いつも時間に追われる精神的緊張を強いられ、気の休まる暇がなかったにちがいない。そのせいか、連載が終わると同時にホッとして、いささか心身の調子をくずされ、数カ月も回復に手間取ったほどである。

何はともあれ、一年間の連載は無事終わった。そして残された課題は、単行本に再録することであった。いま、本書でその完結をみようとしているが、われわれ執筆者にとっては、前著の「まえがき」にも書いたように、現代の会社世相を多少でも後世に伝えられるという点で、実によろこばしいことである。しかし、予想外のことがおきた。現代の世相は冷酷にも大阪新聞を休刊（非廃刊）にまで追いこんでしまったのである。二〇〇二年三月末をもって夕刊紙・大阪新聞は産経新聞大阪本社に吸収され、産経新聞・夕刊の大阪での継続に寄与することになった。ちなみに、東京では産経新聞の夕刊は二〇〇二年四月から発行されなくなっている。

大阪新聞の終面に載ったコラムが休刊に拍車をかけたわけではないようだが、ちょうど一年間の連載を終えるのと機を一にして、休刊が紙上で公表された。われわれとしては役目が終わり、一息つこうとしていた矢先だった。また、前著も刊行されたばかりだった。かくなる上は、弔い合戦ではないが、われわれに課せられた宿題として本書をどうしても世に出さなくてはならない、と考えるようになった。さいわい、東方出版の今東成人社長のおかげで『会社じんるい学』の続編をこうして発刊できたことは、昨今のようなきびしい出版事情のなかでは、望外の幸せと言っても言い過ぎではない。編集の北川幸さんにも前著同様、たいへんお世話になった。厚く御礼を申し述べたい。

また、大阪新聞で「会社じんるい学」の第一部を担当した松原英夫氏と、第二部と第三部を担当した今村義明氏にも感謝したい。両氏とも古巣の産経新聞に移られたが、かれらに尻をたたかれたおかげで、一年分のコラムをこうして世に問うことができたからである。同時に、取材や調査に快く応じてくださった多くの方々にも、いちいちお名前を挙げることはしないけれども、深甚なる感謝の意を表したい。最後に、小生の研究室の河田尚子、岡美穂子、重親知左子さんにも陰に陽に助けていただいた。あわせて御礼を申しあげる次第である。

二〇〇三年一月

執筆者を代表して　中牧弘允

●目次

夏祭とお盆　27

夏休み　49

会社の掟 122

オフィス空間 132

第四章　会社のなかの外国、外国のなかの会社——181

多国籍企業 195

装幀——森本良成

第一章　会社の時間、サラリーマンの時間

会社と時間

1　会社の時間——「九時から五時」いつ始まった？

六月は時の記念日があり、夏至があり、なにかと時間の話題が多い。そこでまず、「会社の時間」を取り上げる。

サラリーマンが時間に拘束されていることを当たり前のように考えているが、本当のところはどうなのだろうか。遅刻をすると減給され、残業をすると手当が付く。勤務時間が明確に決められ、一斉に仕事が始まる。このような時間の区分がいつから始まったのだろうか。それがそれほど古くないことは明らかだ。

時計が普及しなければ九時に出社を決めることはできない。実際、江戸時代の武士の登城は日の出と決められ、正午までの勤務だった。太陽で正確にわかる時刻は日の出と日の入り、それに正午がだいたいわかる程度で、それを基準に登城した。冬と夏では勤務時間の長さが違っていたわけだ。

時計が普及したから一斉始業が始まったわけではない。一斉にでてこなければならない理由はそれほど明確ではない。現に、いまではフレックスタイムが工場でもオフィスでも採用されていて、それほど不都合があるわけではない。なぜ一斉始業・一斉終業が始まったのだろうか。

こんなことを調べている学者はいないようで、文献を見てもそれらしいことは書いていない。いろいろ調べ回った結果、どうやら一九世紀の後半の工場から始まったらしいという見当がついた。時計が普及したからではない。工場の中にようやく動力としての蒸気機関が導入されだしたのが大きな原因だ。

普通考えられているように、産業革命が起きてすぐさま蒸気機関が導入されたわけではない。ワットが実用蒸気機関を開発した後、蒸気機関の利用は蒸気船と蒸気機関車であり、工場の動力として用いられたのはずいぶん後のこと、およそワットから百年後のことなのだ。

蒸気機関はボイラーを炊いて、蒸気を出す。その蒸気をシリンダーに吹き込んでピストンを動かし、クランクで回転動力を得る。ボイラーが熱されて、蒸気が出始めなければ工場は動き出さない。それが始業ということになる。その当時は、工場の真ん中を太いシャフトが通り、それが回転している。その回転するシャフトにゴムベルトを掛けて、それぞれの機械に動力を取り込む。工場全体が一本のシャフトから動力を得ている。そのシャフトが回っている時が操業時間で、一斉に始まり、一斉に終わる。一台だけ残業というわけにはいかない。

いまでは、それぞれの機械が電力で動くために、一斉操業の必要はなくなっているのだが、一斉始業・一斉終業の制度だけが残った。オフィスも工場の勤務時間制度が取り入れられたと考えられる。

そして、おそらく工場の制度が学校にまで及び、授業を一斉に始めて合図があれば終わるということになったのだろう。寺子屋の時代には生徒たちは一斉に登校するのではなく、ばらばらに集まり、そのため時間割もなかったことは確認できる。

フレックスタイムが導入されても、学校は一斉に始めるというスタイルから離れそうにない。情報技術が発達して在宅勤務ができる時代に、初等教育だけはあえて古いスタイルを残しておくことに意味があるのかもしれない。

（〇一・六・二六　日置）

2　時差ぼけ――ストレスや記憶力低下の原因に

仕事で海外に出かける人たち、とりわけ、アメリカやヨーロッパのように、日本から行けば昼と夜が真反対になる国へ出張する人は、「時差ぼけ」を経験することになる。商談中に頭が回らなかった、といった失敗談をお持ちの方も少なくないのではないだろうか。

時差ぼけのことを、英語では「ジェット・ラグ」などと呼んでいるが、辞典によれば、「体内時計が混乱すること」という説明がなされている。

人間という生物にも「体内時計」とよばれる機能があり、それによって生理的なサイクルが調整されている、と言われてきた。最近の発見では、細胞レベルで「クロック遺伝子」なるものがあり、体内時計が制御されていることが次第にわかってきている。

このように人体の未知なる領域のメカニズムが次第に明らかになってきてはいるものの、依然として、時差ぼけが人体にどのような影響を及ぼすのか、解明されているわけではない。海外旅行に伴う日常的な現象として片付けられてきたからだろう。

ところが最近、時差ぼけがストレスを引き起こしていたり、記憶力を低下させていたりするということがわかり、アメリカの科学誌『ネイチャー・ニューロサイエンス』の最新号（六月号）に掲載されているというので、早速その雑誌を手に入れて読んでみた。

アメリカの大手航空会社の国際線に乗る、二〇歳代の健康なスチュワーデス二〇名を対象として実験が行われた。その結果、時差を調整しようとすることで体内にストレスが生じる。そのストレスによって、唾液内にコルチゾールという名のホルモンが増加。コルチゾールの増加で、右脳の側頭葉が委縮し、空間感覚などが明らかに鈍るという。

認識してから行動に移すまでの反応が鈍くなるのだ。また、脳の海馬と呼ばれる部分にも影響があり、記憶力低下、健忘症などの原因にもなっているそうだ。時差ぼけを頻繁に経験し、次のフライトまでの間隔が短い人ほど顕著であるとか。

このように、国際線のクルーは、乗務するだけで知らず知らずにストレスをためていることになる。知人の、日本の大手航空会社の国際線スチュワーデスに、時差ぼけ解消法など、会社からの公式な指導があるのかどうか尋ねてみると、「そういう指導はありません。各自の工夫で調整しています。私の場合、フライト前にとにかくよく眠るよう心がけています」と言う。

またこのような肉体への影響は、海外旅行ばかりでなく、夜間の仕事とか不規則な日常生活においても現れるものだそうだ。

あるアメリカ人ビジネスマンから、「メラトニン」が時差ぼけに効くと教えられた。暗闇が目で認知されると、脳の中心にある松果腺から分泌されて睡眠をうながすホルモンの一種で、アメリカではビタミン剤などとともに店頭販売されている。大人になるとこのホルモン分泌が少量になるとか。

私もニューヨークで使ってみたことがある。確かによく眠りにつけた。しかし、美味しそうなレストランの夕食に招待されていたのに寝過ごしてしまった。それを思い出すとストレスを感じるのだ。


（〇一・六・二七　住原）

3　フレックス制――「自由」の代償は成果と自己責任

六月も末となり、来年度の新卒採用戦線も最初の山を越えた。採用情報の今年の特徴は、かつてマスコミ関係や一部の研究職だけに認められていたフレックスタイム制がコンピューター関連業界などを中心に多くの企業で採用されている点だ。

会社の国際化・多国籍化が進み、有能な管理者ほど世界各地との打ち合わせや情報交換などで早朝・深夜の変則シフトで勤務している。外国為替や株式関係者だけでなく、製造業でも現地時間にあわせた重要業務が生じている。

銀行のATMや自動販売機の通貨処理技術のトップ企業で姫路市に本社を置くグローリー工業でも経営管理スタッフの勤務時間は不規則になっているという。さらにコマツや松下などのように、中堅の幹部、特に研究職にはフリータイム制を一部導入しているところもある。

今の若者は画一的な時間拘束を嫌う。生産性の向上を求める会社と求職者との間に意識のずれはあるが、時間の大切さを再確認した結果だ。

フレックス制は一九六〇年代末にドイツのメッサーシュミット社で採用され、七〇年代にヨーロッパで普及した。時差出勤により通勤問題を解決し、加えて国民所得の上昇による勤労意欲の低下、欠勤問題を解決しようとした。日本では研究・開発部門を中心に七〇年代から導入が図られ、コマツでは二〇年の歴史を持つという。時差出勤の研究も多く、九七年には京大で交通システムを教える藤井聡さん（三二）が、「この制度の導入で退社時間が早まると、結果として新たな交通需要が生じるかもしれない」と報告している。

若者たちは就職難の中でも楽な職場を求める。彼らにフレックス制が斬新で自由なものと映るのは当然だ。一日の勤務時間を、全ての従業員が勤務すべき核時間（コアタイム）と従業員が選択する自由勤務時間（フレキシブルタイム）に分け、規定勤務時間を満たせば全日出勤したことになる。新卒者のライフスタイルに適合的なように見える。

しかし、現役のサラリーマンにとっては功罪二面がある。

今の時期、暑い満員電車に揺られての通勤はたまらない。あと一時間、出勤時間を前後させれば一日が快適に始められる。会社に一番乗りしてゆったりと仕事を始めたり、活気のでている部屋に着くなりパソコンに向かって打ち込み始める。コアタイムに打ち合わせを済ませ、午後は仕事に専念、一日の仕事を終えて会社を離れれば自由時間を満喫する。往年のアメリカ映画のエリートサラリーマンのようなオフィスの光景だ。

ただ、このような姿のみを思い描いていると、どっこい実社会は許してくれない。取引先からは相手の始業と同時に連絡が入る。上司は先に出社していて「遅いな」という顔をする。楽な仕事は早く来た人にとられている。定時出勤の人と比べて残業手当の計算もやっかい。時間給や年俸制でない月給取りの辛いところだ。

「命令するサラリーマン」と「手足のように動くサラリーマン」が社内で明確に分けられる。命令する者が時間と給料の配分を決める。成績の査定も個人ベースに変わる。「会社は形で表さない限り、一人で働いた成果を評価しない」……。恩恵を受けるのは、そのことを骨の髄まで知り抜いているサラリーマンたちだけだろう。

（〇一・六・二八　廣山）

4　漏刻祭——腕時計からケータイ時計へ

携帯電話の普及で腕時計を持たない人たちが増えている。ケータイは通信手段にとどまらず、時間の領域まで侵食してきているのだ。

その腕時計が、今風に言うならモバイル時計として重宝がられるようになったのは、せいぜい百年ぐらい前のことである。『時計の社会史』や『時間革命』の著書で知られる経済史学の角山《つのやま》栄氏は、日露戦争の日本軍人が左手首に腕時計をしている写真をみつけておどろいた。

同氏によるさらなる発見は一八九七年（明治三〇年）の風刺漫画「当世百馬鹿」のひとつ、「腕時計を見せたがる馬鹿」である。そこでは着物姿の男が右手に扇子をもって手首の腕時計をこれ見よがしに顕示している。軍人よりも先に、あたらしモノ好きが腕時計に飛びついているのがおもしろい。

しかし、二〇世紀の変わり目の頃は、腕時計はまだスイスで研究が始まったばかりだと百科事典には載っている。とすれば、角山氏が推測するように、懐中時計を改良して手首に巻きつけていたのだろうか。

その謎を解くヒントをもとめて、近江神宮の時計博物館にでかけてみた。しかし、数ある明治時代のモバイル時計はほとんどが懐中時計で、残念ながら腕時計は見当たらなかった。並んでいた腕時計は、献納品として保存・陳列されているものばかりだった。

献納時計と銘打たれた一群の時計は、時計博物館の入り口の一角を占め、献納目録とともに、いかにも神社らしいあつかいをうけていた。

というのも、それが使用ずみの時計の供養だったら、博物館には展示されていないはずだからである。近江神宮では六月一〇日の「時の記念日」に新品の時計がメーカーによって奉納されてきたのである。

献納目録を見ると、名を連ねているのはセイコー、シチズン、オリエント時計、リコーエレメックス、リズム時計、カシオなど、わが国の代表的メーカーばかりである。パンフレットの写真には、盛装した巫女たちがそれぞれ最新の時計を持って階段をのぼる姿が写っている。

この時計献納の儀式は漏刻祭《ろうこくさい》とよばれている。漏刻とは古代の水時計のことであるが、なぜ近江神宮かというと、それはこの祭神に由来する。大化の改新を断行した、あの中大兄皇子《なかのおおえのおうじ》、後の天智天皇である。日本書紀には天智一〇年（六七一年）四月二五日、「漏尅を新しき台に置く。始めて候時《とき》を打つ」とみえる。ちなみに、この日が西暦では六月一〇日に当たる。また、漏刻自体は斉明六年（六六〇年）五月にすでに造られている。

いずれにしろ漏刻は時間を計る道具であり、時刻は鐘鼓を打ち鳴らして知らされた。漏刻はザビエルがもたらした機械時計以降、急速にすたれたが、鐘鼓による時刻の告知は明治初期までずっと引き継がれた。

時移り、懐中時計や腕時計の時代になると、時間と時刻はもはやその区別が必要ないほど、大衆的でパーソナルな方向に向かった。明治四年に和歌山や東京ではじまった大砲による正午の時報、通称ドンも、大正末期に開始されたラジオ放送におされ、昭和の初期には姿を消した。

そして今や腕時計ですらケータイの普及で衰退の危機にさらされている。近江神宮の漏刻祭にケータイが献納される日もそう遠いことではないのかもしれない。

（〇一・六・二九　中牧）

5　世界時間——時空を駆けるサラリーマン

かつて「九時から五時まで」と言われたサラリーマンの仕事時間が、情報化と国際化の進展とともに急激に変化している。とりわけ、二四時間オープンのグローバルマーケット最前線で活躍しているサラリーマンの仕事時間は長く、かなりハードである。

UBSウォーバーグ証券経済調査部チーフエコノミストの白川浩道さん（四〇）は、毎週月曜日から金曜日まで毎日朝七時に東京のオフィスへ出社、夜一〇時に退社するまでランチの時間も惜しんで日本経済の状況を分析し、国内外の投資家へ向けて情報を提供し続けている。

顧客対象は主として日本、ヨーロッパ、アメリカ、カナダ、オーストラリア、アジア諸国の中央銀行や金融機関である。情報手段は電話、ファックス、メールなど。「とにかく〝話す〟仕事です。一日の仕事のうち六割は、お客さまやマスコミ相手に話しているかな。海外に出ている時など、一日中話し続けていることもありますよ」と白川さん。一年間の海外出張日数は七〇日から八〇日、年間仕事日数の約三分の一に及ぶという。

「勤務時間は海外マーケットの開閉時間に依存しています。七時出社一〇時退社だと、ニューヨークとロンドンの市場に間に合いますので。時差はしっかりと頭に入っています。結局相手のある仕事ですから、相手の時間に合わせないわけにはいきません。相手にとっても同じことですからお互いに了解していると思いますよ。これを崩すと信頼が得られなくなりますからね」。

遅刻や欠勤が仕事の遅延のみならず、ダイレクトに待遇や報酬に結びつくという白川さんの職場では、自分自身の「時間管理」が成功の重要な鍵となる。「日本の会社がもっと時間管理に敏感になれば、労働生産性はずっと上がるはずですが……」。

白川さんの仕事はチームで行われているというが、仕事場は各自個室で上司はイギリスにいる。結局、すべては自己管理、自己責任ということになる。「ひとりの方が仕事の能率は断然上がると思います。仲間と必要な時には話しますが、ダラダラ話し続けるようなことはありませんね。仕事を終えてからの飲み会もありません。遅くなると翌朝に響くので、早く帰って休みます。生活のリズムが崩れたとたんに体調を悪くします」。

白川さんも土日はプライベートな時間を楽しむ。「土曜日は自分の健康管理のためにジムに通い、日曜日は家族サービスです。これも生活のリズムのうちでしょうか。リズムを崩すことには抵抗感がありますね。幸い今の職場は、夏に二週間、クリスマスに一週間の長期休暇がありますので、このときは十分休むようにしています。年をとるまで続けられる仕事ではないでしょうが、今は充実しています」と笑った。

バブルの崩壊以降、「二四時間戦えますか」というキャッチフレーズで「日本を背負って」奮闘していたそれまでのモーレツサラリーマン像は姿を消した。

しかし、今、グローバルマーケットの「世界時間」の中で、スマートに「時空を駆ける」サラリーマンたちが増えている。彼らの最終的な基準は「マーケット」のルールと「自分」のみである。会社共同体のグローバリゼーションはこうして確実に進んでいく。

（〇一・六・三〇　三井）

夏祭とお盆

6 後の祭り――忘れられたもう一つの祇園祭

今日は、後の祭りである。後の祭りというのは、祇園祭の山鉾巡行が昔は二度行われ、その二度目の巡行を指していう。ことわざの「後悔先に立たず」という意味での「後の祭り」ではない。

昔といっても、一九六六年までのことなのだが、当時四条通が地下工事の最中で、山鉾巡行が中止され、ついで一度にまとめられた。交通遮断になるというので、一回でいいだろうということになった。本末の姿は、一六日の宵山（地元では「宵宮」＝よみやと呼ぶ）の翌日、山鉾巡行が行われるが、これに参加するのは鉾のすべてと山の一部である。一週間後の二三日が後の祭りの宵宮で、翌日に先の祭りに参加しなかった残りの山が巡行する。

いまは、二四日の午前に花傘巡行が行われる。一〇基の花傘鉾が練り歩き、鷺舞や田楽などがこれに伴い、神殿に舞を奉納する。かつての後の祭りの規模はなくなり、こぢんまりした祭りになった。日本の祭りでは、神輿が巡行する前日の深夜に神事が行われることが多く、それが宵山である。今日は後の祭りの宵宮になる。

それにしてもたかだか三五年で後の祭りがあったことはすっかり忘れられている。この後の祭

りがあることで、天神祭との連続がうまくいく。花傘巡行の夜が天神祭の宵宮になる。観光のためには祇園祭の後の祭りの復活が考えられてよいだろう。京都・大阪への連泊をして、二つの祭りを見るというツアーが考えられる。東北の三大祭りを巡り歩くツアーが可能ならば、それよりも手頃で集客力がある。

　このような夏祭りに会社はどのように関係するのだろう。寄付はもちろんのことだが、山車《だし》に協賛して補助金を出した会社の名を入れたり、あるいは社員を動員する祭りがある。青森のねぶたの山車には会社名が入るし、阿波踊りには会社が連を出す。

　他方で全く会社名が入らない祭りもある。祇園祭で会社名が見返りに書いてある山や鉾は考えられないが、それは山鉾が伝承された美術品だというだけではない。会社は祭りに直接顔を出す場がほとんどない。山車を伝承している祭りは、唐津くんちでも会社名を山車にいれることはできない。

　これに対して毎年山車や飾りを作る青森ねぶたや秋田竿灯では会社名が積極的に入れられる。しかし、毎年作る場合には必ず会社名が入るかというとそうでもない。博多祇園山笠の飾り山・舁《か》き山には会社名は入らない。祭りを支える構造が違うのだ。

現在では神事であっても協賛で会社名がでることは珍しくないし、積極的な企業の参加はむしろ祭りを維持する上では必要だろう。会社の地域との連携は必要だし、祭りに参加する効果は大きい。天神祭の船渡御にも会社がスポンサーとなっている。会社が地域の一員として祭りにどのように参加するかは、それぞれの祭りで異なっている。祭りの表の部分と裏の部分で仕分けがあってもよいかもしれない。このように考えると、案外、先の祭りと後の祭りの区分は有効なのかもしれない。

後の祭りをなくしたことが、そろそろ悔やまれるようになっている。それこそ、「あとのまつり」ではあるのだが……。

（〇一・七・二四　日置）

7　天神祭①——世界に通じる「なにわの祭文化」

「マーベラス！」「ワンダフル！」「プリティ！」と沿道にぎっしりと集まったオーストラリア人たちが感嘆の声をあげて、天神祭に見入ったのは一九九四年の五月。関西国際空港の開港を記念して、天神祭が、千年の歴史を経て初めて遠く海を渡って披露された。大阪府と姉妹関係にある、クイーンズランド州の州都ブリスベンでのことだ。

約一年前から計画され、五月六日と七日の「テンジン・フェスティバル」当日には、大阪の三十余の講社から、なんと千人もが仕事も休んで手弁当で渡豪し、また地元からも約三五〇人のオーストラリア人が、それぞれの役柄の衣装をあてがわれて参加した。「子供みこし」に小中学生九〇人、「ギャルみこし」に三〇人、「扇みこし」に屈強な青年三〇人、「地車《だんじり》」のひき手に八〇人、「催太鼓《もよおし》のひき手」に七〇人など、日本人と一緒になって一生に一度の経験をした。

参加したのは、一般市民ばかりではない、ブリスベン市の市会議長さんも、平安人《びと》のように斎《さい》服《ふく》を着て馬上の人となり、すっかりその気になった顔つきで行列に参加していた。いっぱいの観衆もただ見守るばかりでなく、いつのまにか「大阪締め」をマスターして、一緒になって手をたたいていた。

海外で行われるといっても、神事としてのしきたりが遵守された。「宵宮祭」から始まり、ブリスベン川で「鉾流《ほこながし》神事」が行われ、その夜の「前夜祭」でにぎわい、翌日には市庁舎での「本宮祭」に続き、「陸渡御《とぎょ》」の行列、そして夜のメインイベント「船渡御」が、一二隻の船で、二千発の花火を背景に行われた。大阪なら百隻以上だが、企業ＰＲ「臭さ」が前面に出やすいのと違い、むしろ海外で、数は少なくても神事らしいおごそかさが回復されたかのように見える。また、祭の開始を祝って、地元のキリスト教教会が高々と鐘を鳴らしてくれたそうだ。

私自身は、残念ながらこのような現場を見てはいないが、数々の新聞記事や、準備段階から総合的にかかわっていた大阪商工会議所（当時）の藤岡郁さんや大阪天満宮総務部長の岸本政夫さんらから、記録を元に話を聞くことができた。

伝統に裏打ちされた大きな祭が、海外で演じられることには、本来の目的以外の重層的な意義がある。まず、「日本人は静かで、厳粛な人々と思っていたのに、こんなに明るくにぎやかだっ

たのか」と、豪州人の日本人像が変わったりしたこと。またその頃は、現地では母の日のバーゲン中であったが、祭のおかげで、経済効果が断然高まったようで、「毎年でも来て欲しい」といったデパートなどからの声。シドニーからも「是非来て欲しい」といった要請があったとか。

手弁当で参加した大阪人もまた、現地での盛り上がりを目のあたりにして、あらためて自信と誇りを感じ、「自分たちの祭＝世界に通用する祭」ということを強く認識されたようだ。少し血の気が多くてハメをはずしそうな日本人参加者も、「ヘマをやったら日本の恥になる」と、規律を守って真剣に取り組んでいたりした。

主体としての市民に、行政や企業が縁の下で支える。三者関係のそんな理想的な姿がうかがえた。

（〇一・七・二五　住原）

8　天神祭②――郷愁を呼ぶ水都の祭礼

天神祭で大阪の夏が始まる。

若い女性は運河のあるブルージュやアムステルダム、ゴンドラの街ベニスなどを訪れるのが夢だという。水はどうも人を引きつけるようだ。二五日は船渡御の日。多くの人が大川に集まる。神事の主役は竹をたて白い布を張った奉安船や陸渡御で活躍した催太鼓が導く供奉《ぐぶ》船団。左岸を上流を目指す。奉納船がそれにしたがう。スポンサー船でもある奉拝船は企業関係者を乗せて右岸を下る。この他に列外船、能や神楽の固定された舞台船など多くの船が登場するナニワの一大イベント。一六ビートの囃子と「打ーちましょ（パン、パン）、もひとつセー（パン、パン）、いおうて三度！（パパン、パン）」の大阪締めがこだまする。

「暑うてたまらん。景気も悪いし何か、すかっとしたいな。今年は久しぶりに神さんにも行こかな」という、ある工務店の社長に会った。

「名前は堪忍して。回ってきた手形が割引かれへんみたいなんや」と言いながら話をしてくれた。三代目だそうで、祖父や父のころは天神祭になると二〇人ほどの従業員全員に浴衣を揃《そろ》え、天神橋筋で食事をした後、連れだって祭りに参加したという。「値段より品質や」というお得意さんも多く、施工にも細心の注意を払っていたとのこと。今は「安い方がええ」といわれるので従業員もつい熱が入らないという。「やっぱりわしらは職人やで」と淋しそうにつぶやいた。

水都と呼ばれ、瀬戸内海を通って日本全国から特産物や米が集まっていた大阪。百年前までは日本最大の商工業都市だった。天満はその中心の一つ。四百年前に大坂三郷の一つ天満組ができた。明治になると造幣局や紡績会社、時計会社、ビールやガラスの工場もできる。

大阪の活力を支えてきたのが水。縦横に走る堀割を荷物や人が移動した。いまは埋め立てられて広い道路になっている。祭りの大船団が渡御する堂島川鉾流橋詰から江ノ子島のあたりもかつては多くの商船でにぎわった。壮麗な祭絵巻は大阪の繁盛を物語っている。

若い女性だけでなく人は水に郷愁を感じ、天神祭に参加する。天神さんは古来からのもの。決して受験だけの神様ではない。天神は雷・雨・水・ヘビなどと結びつく荒《あら》ぶる神で同時に農耕の神だった。一〇世紀になって京都北野に菅原道真の御霊が祀《まつ》られてから、北野天神への信仰が天神信仰を代表するかのようになった。天満天神境内にある大将軍社は飛鳥時代に長柄豊崎宮が造営された際の地主神を祀る。天満宮の勧請は千年ほど前の村上天皇の勅願によるという。江戸時代からのこの祭礼もやはり自然を祀る起源があった。

盛大な祭りなのに、地方の人は「エッ、ケチな大阪に祭りがあるの」という。渋いといわれる大阪商人だが、決して金のために金を貯める訳ではない。陰徳積善を旨として祭礼や芸能、文化などに大きく貢献している。住友家の寄付による中之島図書館、株式仲買人岩本栄之助の寄付による中央公会堂、様々な美術コレクションの収集家の存在、伊能忠敬の地図を受け継いだことで知られる愛日小学校の寄付など枚挙に暇《いとま》がない。今でも多くの会社や個人が商売気抜きで社会に貢献している。

奉迎船が浮かぶ水は常に流れる。今の世の中、お金も流れなければ息がつまる。

（〇一・七・二六　廣山）

9　東北三大祭り——都市同士の対抗心で盛り上がる

大阪の天神祭が終わると、日本の夏祭は東北の三大祭りに重心を移していく。言うまでもなく、仙台の七夕、青森のネブタ、秋田の竿灯である。それに山形の花笠をくわえて四大祭と称することもある。

八月六日から八日にかけてくりひろげられる仙台の七夕は月遅れの行事である。祇園祭も天神祭も旧暦六月の行事だから、事情はおなじだ。華麗な七夕かざりが東北の短い夏をいろどり、商店街を活気づける。最近では、ホームページで受けつけた願いごとを短冊に飾りつけるサービスもある。「ラブラブ」とかの新語や、コンピューターの顔文字との組み合わせが目立っている。

秋田の竿灯は四日から六日の祭りだ。もともと笹竹や合歓《ねむ》の木に願いごとを書いた短冊を飾り、それを川に流す行事にルーツがあったから、七夕と似た性格もある。ちがうのは睡魔をはらう「ねぶり流し」と長い竿の「提灯《ちょうちん》」である。

「ねぶり」とは眠気のことである。それは睡魔という一種の魔物とかんがえられていた。夏は睡魔におそわれやすいので、それを撃退するのに、短冊をつけた笹や木を川に流したのである。民俗学では「眠り流し」として知られている。

提灯のほうは十文字の竿に多数とりつけられる。これは一八世紀中葉からのローソクの普及とともに発展した伝統である。四六個の提灯を一二メートルの竿にとりつけた重さ五〇キログラムの竿灯を、ひとりで持ち上げ、バランスの技を競い合う。

「眠り流し」と「提灯」の組み合わせは青森のネブタにも共通している。青森市周辺ではネブタ、弘前市界隈ではネプタというが、「眠たい」という意味である。提灯は灯籠《とうろう》にかわるけれども、和紙にすかした火の行事という性格はよく似ている。そして青森では人形灯籠、弘前では扇灯籠が発達をみた。しかも、それらの灯籠は魔をはらうため海や川に流されていたのである。

ところで、祭りには対抗や競い合いがつきものである。それが祭りを盛りあげる原理となって

いる。七夕では飾り付け、竿灯では技くらべが競争心をあおりたてる。祇園祭の山鉾巡行も天神祭の船渡御も、それぞれの町や講の威信や活力と結びつき、しのぎを削りあっている。

それに拍車をかけるのが、都市と都市の対抗心である。青森と弘前も、大阪と京都のように、祭りをとおして都市としての自己主張をくりひろげているようにみえる。青森は港町で現在の県庁所在地であるが、弘前はかつての城下町で弘前大学をかかえる文教都市である。

工業の栄えた青森では、会社が圧倒的な存在感を示している。大型ネブタの出陣団体をみるとそれは一目瞭然だ。東北電力、日立、ナショナル、菱友会、マルハ、日通とつづき、県庁や自衛隊のものもある。かたや弘前は、市役所や弘前大学とともに、町内会や子供会、さらには幼稚園の参加が目立っている。

私の勤務する国立民族学博物館では青森の人形型ネブタと弘前の扇型ネプタを一点ずつ所蔵している。扇ネプタの絵は弘前市役所につとめるネプタ絵師の三浦呑龍《どんりゅう》さん（四八）が描いたものである。彼は「二〇年前より技術が上がったから」と言って、一九九八年に絵を張り替えてくれた。東北まで足を伸ばさなくても、ネプタ絵の精髄は大阪でも見ることができるのである。

（〇一・七・二七　中牧）

10　昨今花火事情──プロポーズはＨＡＮＡＢＩで決める！

猛暑の夏、今夜もどこかで浴衣姿で寄り添い、夜空に浮かぶ赤や青の大輪を眺めているカップルがいることだろう。花火シーズンの到来である。

そもそも納涼花火の起源は一七世紀の後半、大名の舟遊びにまで遡ることができる。はじめは花火を売る舟が屋形船の間を漕ぎ回り、客の注文に応じて花火を上げるというもので、「大名のぜいたくは隅田川にとどめをさす」とまで言われた。隅田川花火大会のルーツになったのは、享保年間の一七二三年、両国川開きで全国的な凶作や伝染病（コレラ）を退散させるための施餓鬼《せがき》だったという。

その後、今も掛け声として残っている花火師「鍵屋」「玉屋」の活躍や、明治期の科学技術の導入、大正から昭和期の名人花火師の努力などを経て、世界に類のない美しく精巧な日本の花火を生み出した。今日ではコンピューター制御の打ち上げやレーザー光線、音楽を取り入れた新たな花火イベントに発展し、技を競うコンクールも盛んである。

花火技術の進歩とともに、全国の花火大会の規模も年々記録的なものとなっている。ちなみに二〇〇一年（平成一三年）の平成淀川花火大会（八月三日）は過去最高の二万五千発、予算規模は一億三千万円を予定しており、八十万から百万人の観客を見込んでいるという。さて、このような大規模イベントとは対照的に「個人イベント」としての花火にこだわる会社がある。神奈川県にある（有）津久井火工は、「誕生日、プロポーズはＨＡＮＡＢＩで決めよう」というキャッチフレーズで、一生に一度の大切な日を花火で演出することを提案している。同社ホームページによれば、「花火でプロポーズ」に必要な手続きは、①申込書、②打ち上げ希望場所の確保、③打ち上げ希望相手への強い思いやり、の三つ。打ち上げ場所が確保できない場合、同社工場の打ち上げ実験場まで貸してくれるという。

「お二人だけの雰囲気を壊されたくない、そんな方には弊社スタッフは空気のように見えない存在になります。設定は簡単。まず、彼女と工場近くにあります相模湖ピクニックランドでデート、お昼ご飯は、彼女の手作り弁当か、ピクニックランドのバーベキュー！。そして帰る振りをしつつワザと道に迷ってくださいっ……。そうです。告白場所である弊社の工場は非常に道に迷いやすい、そんな立地条件です。あなたと彼女は道に迷い車からおります。そして、『君にプレゼントがある……』このセリフの後、目の前に大きな花火が打ち上がります。そして思いっきり、あなたの気持ちを彼女に伝えましょう‼」と、説明は懇切丁寧かつ臨場感たっぷり。最後に「万が一プロポーズが成功しなくても弊社では責任はとれません。ご了承下さい」と、しっかり書かれている。

この企画の考案者である同社の川上孝行さんは「平成一二年は約一〇組のカップルにご利用いただき、ほとんどがめでたくゴールインされました。一〇万円コースは一〇分間で三〇〇発。この値段が高いか安いかはお客様の価値観ですが……」と話す。

花火の楽しみ方は時代や文化背景とともに変わった。しかしいつの時代にも、ひとは一瞬のきらめきの中に願いや祈りを込め、はかなさゆえの美しさを愛でた。今年の花火が美しい思い出として残るために、私達ひとりひとりが万全の配慮で臨みたい。

（〇一・七・二八　三井）

11　阿波踊り——不況風を吹き飛ばす心意気

「♪踊る阿呆に見る阿呆、同じ阿呆なら踊らにゃ損々……」。騒《ぞめき》と呼ばれる独特のリズムに乗せたお馴染《なじ》みの囃子詞《はやしことば》とともに徳島市で「阿波踊り」が始まった。今年も一五日までの四日間に、延べ約一三〇万人の見物客が見込まれている。

阿波踊りの主役は、何といっても連《れん》。揃《そろ》いのはっぴや浴衣を身にまとい、鳴り物に合わせて踊るグループのことである。徳島市観光協会の推計では、その数は例年約九五〇、総勢一〇万五〇〇〇人にのぼるとのこと。中でも多く見かけるのが、踊りのセミ・プロ集団である「有名連」、大学生中心の「学生連」、そして、職場の同僚や関係者、およびその家族によって結成される「企業連」である。

企業連は連全体の約三分の一を占め、県内の中小企業による小規模な「職場連」から、超有名企業による大規模な「タレント連」まで、その形態もメンバーも実に多様である。

阿波踊りの事情に詳しい方々によると、企業が連を結成する目的として以下の点が指摘できるとのこと。第一の目的は、踊りを通じて社員の親睦を図ることである。これが主目的の連では、他人に見せるよりも、自身で踊りを楽しむことが重視される。特に、全国規模の企業の場合、四国観光をかねて自社連で踊るツアーが数多く組まれるそうだ。

第二の目的は、地域への貢献である。徳島の経営者にとって「阿波踊りに立派な連を出すことが成功の目安」である。社員総出で踊りに参加することで、自社が世間に認知されたことと、地域の一大イベントに貢献できた喜びを分かち合うらしい。

第三の目的は、広告宣伝と顧客サービスによる企業イメージの向上である。地元で認知された有力企業ともなれば、阿波踊りに対する相応の貢献が要請される。たとえば、見せる踊りと聞かせる鳴り物がそれだ。

「私の会社では、連休が明けたら終業後はほぼ毎日練習です。新人で入った年はなかば強制的に参加が義務づけられます。衣装代も一部は自己負担なんですよ」。数年前に筆者の研究室から徳島のある有力企業に就職した卒業生がこっそり教えてくれた。彼女の勤務先では下手な踊りは威信にかかわる一大事なのである。

また、有名タレントが踊る「タレント連」は「有名連」とともに欠かせない存在である。今年はどこが誰を呼ぶのか。こうした期待に応えることも有力企業のつとめである。

さらに、一部のタレント連は毎年、一般から連員を募集する。抽選の末、当選者は顔写真付きで新聞に発表され、当日はタレントと一緒に記念撮影の後、いざ演舞場へ。一生の記念になると喜ばれると同時に、不足しがちな踊り手の確保もできるため、企業にとってまさに一石二鳥である。

このように、企業による阿波踊りへのかかわり方にもいろいろあるようだ。では、最近の傾向はどうなのか。阿波踊り実行委員会事務局長の山下忠俊さんに聞いてみた。

「総数はそれほど減ってないようですが、不況のせいか、規模を年々小さくし、参加日数も短くする企業連が増えているようですね。でも、踊りそのものはかえって不況の時の方が盛り上がりますよ」

とかく暗い話題が多いご時世だからこそ、明るく元気に踊って不況風を吹っ飛ばそう。そんな踊る阿呆たちの心意気を感じるお話だった。


（〇一・八・一四　出口）

12　灯篭流し――企業戦士の行く末と死

八月一五日はお盆の最終日・帰省や海外旅行を終えたサラリーマンが職場復帰に備える日。盆あけには飛行機や新幹線、高速道路などの混雑もいつもに戻る。街は活気にあふれ、ラッシュアワーに汗をかく。

先週末、父のふるさとを訪れるというサラリーマン（三七）に新神戸駅で話を聞いた。父親は集団就職で九州から大阪に来て、結婚。自分は関西生まれだという。「子どものころ毎年夏になると、両親に連れられて、おじいちゃん、おばあちゃんの家に行っとった。就職して、結婚してからは、今年が初めて。婆《ばば》が年とったいうから、今年は家族で行くんや。わしらがお精霊《しょうろ》みたいやな。混むときには行きとうないんやけど。子らの学校も会社も休まれへんからな」。

訪れて来る霊魂を迎え、祀《まつ》るという日本古来の民俗基盤の上に成り立つ「お盆」。一五日が太平洋戦争の終戦記念日にあたることから、祈りには戦争で犠牲になった人びとへの鎮魂も込められる。

盆行事の中心は先祖祭祀《さいし》。聖徳太子のころに仏教が日本に伝えられるが、それ以前から毎年、正月と七月に招魂祭が行われていたようだ。初秋（旧暦七月）の「みたま祭」が中国伝来の「盂《う》蘭盆会《らぼんえ》」と結びつき、「お盆」となった。初秋の霊魂祭祀には仏教的潤色が濃厚である。

関西では月遅れの盆として八月に行われるのが通例。家庭には精霊《しょうりょう》を迎える盆棚や精霊棚を設ける。棚に位牌や法名軸を移し、その前に団子、そうめん、野菜、果物などを供え、水鉢を置く。僧侶が棚経のため檀家をまわり、地域によっては精霊を供養する盆踊りも行われる。

締めくくりは精霊送り。京都の大文字送り火が著名だが、各地各様。盆の供えものを精霊舟にのせ、灯火をつけて川や海に流し、精霊を送るのが精霊流しだ。

「ふるさとが長崎の近くなんで。今年は一五日に精霊流しを子どもに見せたい。昔、遊園地のボートくらい大きい精霊船を見てびっくりした。地元銀行の重役の初盆だと聞いた。景気のよかったときの話ですわ。うちの嫁はんは加古川の奥の出身で、田舎では川に灯篭を流してたんやて」と懐かしげに語った。

小さな灯篭に火を点して河川や海に流す。迎えた先祖が火にのってあの世へ帰る。今年も一六日に京都の嵐山で大覚寺の施餓鬼《せがき》が修せられ、灯篭流しが行われる。同じ日、天橋立で知られる宮津市では湾が、精霊船と一万余りの灯篭で埋め尽くされる。

灯篭流しの起源は水難などでの横死者の慰霊としての川施餓鬼ともいう。原爆犠牲者の慰霊や日航機墜落事故の慰霊でも知られる。

神道での招魂慰霊も盛んだ。一三日に小泉首相が参拝した靖国神社は、大村益次郎の尽力で一八六九年に勅命により九段坂上に設置された東京招魂社に始まる。七九年に組織を抜本的に改め、靖国神社と改称。別格官幣社に列せられた。幕末の嘉永年間以降の国事殉難者をはじめ、対外戦

戦死者を祀る。夏目漱石の『我が輩は猫である』の中にも出てくる。

今年のお盆は、企業戦士の行く末と死、その祭祀について考えるいい機会だったに違いない。

（〇一・八・一六　廣山）

13　高野山の納骨塔――宗派超える「印刷宗」存続

一九七〇年の大阪万博は思わぬ副産物を生み出している。わたしは聖地の高野山において、万博を機に納骨塔が建てられたのを知って、国家的イベントの影響力の大きさをあらためて確認することになった。

それは大阪印刷関連団体協議会の大阪印刷産業人物故者納骨塔である。奥の院墓地に隣接する高野山大霊園のなかでは最大規模の墓地施設と言ってよく、半円形の納骨堂の上に五輪塔がそびえている。

碑文を見ると、万博に協賛した印刷文化展、国際印刷機材展が空前の盛況をおさめたので、「これを記念し、大阪印刷関連団体協議会の合力により納骨塔建立を発願した」とある。この協議会は前身の日新クラブをもとに、関連業界二一団体で組織され、のちに納骨塔の建立へとすすんでいった。

威容をほこる納骨塔が完成したのは一九七三年八月二〇日。以来、盆あけのこの日に、毎年関係者が三〇〇人以上もつどい、慰霊法要を営んできた。

その法要の前日、宿坊に一泊する人たちが団体貸し切りバスでやってくる。老齢の人たちが多い。聞けば大阪府印刷工業厚生年金基金の受給者であるという。宿泊者たちは精進料理を食べ般若湯《はんにゃとう》を飲みながら、四方山話《よもやまばなし》に花を咲かせる。ほとんどが毎年のように顔を合わせる旧知の間柄だ。

翌朝、勤行と朝食をすませた一行は弘法大師がねむる奥の院の参拝へと向かう。案内人は奥の院墓地には三〇万もの墓があると告げ、「はぐれた方はそのままお墓にのこっていただくことになります」と笑いをさそう。

奥の院に参詣した一行と、その日に電車などで到着した人たちが合流し、一二時に法要がはじまる。まず協議会会長が挨拶に立ち、納骨塔建立の経緯や新物故者の数に言及する。わたしが取材したときの住野修二会長（八三）はそのあと次のように述べた。

「高野山にお参りすることを楽しみにしておりました私の父も本年三月、九四歳の長寿をもちまして、この納骨塔の仲間入りをさせていただくことになりました」

納骨塔の内部には分骨された遺骨が六〇〇ほどおさめられている。遺族は毎年、この日のお参りを心がけるし、物故した友人や知人たちへの慰霊も果たすことになる。そして永眠しているものにとっては、たとえ分骨とはいえ、協議会の絆が墓をともにする死者共同体の結節点となっている。会長が形容した「仲間入り」という感覚はまさに言いえて妙である。そう考えると、宿坊での一夜も、その準備と言えなくもない。

さて法要では会長挨拶のあと僧侶の読経、参列者の焼香とつづき、導師による説法がなされる。

そこでは高野山が「日本総菩提所」として宗派を問わず納骨・納髪をうけいれてきたことが強調される。

大阪印刷産業人の納骨塔も宗派を超えた結合によって実現した。今年一月になくなられた故・豊田保治事務局長は、新物故者慰霊祭や納骨者追悼法要は特定の宗派を超え、いわば「印刷宗」が行うものだと表現した。数年前、先述の基金によるバスツアーは廃止されたが、「印刷宗」はいまだ説得力を失ってはいない。今年は一九日の日曜日、井戸幹雄会長をはじめ遺族ら関係者が高野山にお参りする。

（〇一・八・一七　中牧）

14　踊るサラリーマン――河内音頭で皆ハッピーに!!

盆休みも終わり「また仕事か」とため息混じりのサラリーマン諸氏に、まだまだ楽しめる身近なレクリエーションがある。「盆踊り」。この世界を侮るなかれ。一度はまったら病みつきになるらしい。今日はそんな「踊るサラリーマン」を紹介しよう。

「ダンシング・ハイとでもいうのかなあ。踊っているうちにどんどんハッピーな気分になります。これを知って人生観が変わったという人までいますよ」と話すのは、シャープ新庄工場（奈良県新庄町）の盆踊り同好会「奈良躍遊会《やくゆうかい》」会長の高岡伸和さん（四〇）。

高岡さんは子どもの頃から河内音頭が大好きで、一〇年ほど前から毎年八月には奈良から大阪へ踊りに通い、四年前に河内音頭の会に入会して本格的に「踊りの世界」へ。やがて職場仲間も誘い、昨年工場内に同好会を結成した。新庄工場二〇周年フェスティバルや大阪オリンピック招致イベントへの参加など、活発な活動が認められて、今年（二〇〇一年）ついにクラブへと昇格する。

「最初は全く興味ありませんでした。あまりに高岡さんが誘うので、一度だけと思って付いていき、簡単なステップを教わって踊ってみると、これが結構楽しい。それ以来すっかりはまってしまいました。健康にもいいですよ。踊り終わったら一キロは痩《や》せているかな」と高岡さんの同僚で副会長の福角正裕さんが笑う。踊りのみならず、河内音頭のエレキギターや太鼓にすっかり魅せられたのは、副会長の木村泰治さん。冬はスノーボード、夏は河内音頭という深水富雄さんら現在一五名ほどのメンバーが活動している。

この新庄工場は、シャープ製品の心臓部ともいえる電子部品や次代のエネルギーを担う太陽電池、ソーラーシステムなどの製造拠点であり、世界に誇る技術を次々と生み出し続けている生産現場である。特に高岡さんたちの所属するオプトデバイス事業部の製品は、この分野で一八年連続世界一のシェアを獲得している。正確さと緻密《ちみつ》さを要求される日々の仕事の中で、盆踊りは彼らの最高の気分転換の場であり、明日への活力源になっている。

「七—八月の盆踊りピーク時は毎週土日は必ず、平日でも仕事を終えてから踊りに行くこともあります。でも、メンバーは有給休暇をほとんど取りません。周りから〝踊り疲れて休んでるんだろう〟と絶対に言われたくないから」と口々に話す。

最初は怪訝《けげん》な顔をしていた家族も、今では一緒に盆踊りを楽しむようになった。「お陰で職場の仲間と家族ぐるみの付き合いができるようになり、仕事もやり易くなったように感じます」。

地元の盆踊りから一万人規模の大会まで、盆踊りのあるところはどこでも彼らの晴れ舞台。背中に「祭」と染め抜いた揃いの法被で雄姿を披露する。「会社内の親睦はもちろん、地元に河内音頭を広めたいので、できる限り手分けをして出かけます。老人会のイベントなどは欠かしません。お年寄りにも若者にも楽しんでもらいたい。自分も人もハッピーになれるっていいでしょう?」と言いながら、高岡さんは携帯電話の着メロの「河内音頭」に合わせて軽やかに踊ってくれた。

世界に誇る技術とそれを支えるサラリーマンたち。彼らを陰ながら、しかし力強く支えているのは豊かな地域文化と、それを伝え続けるという「誇り」なのかもしれない。

今夜も響け、「エンヤコラセードッコイセー」。

（〇一・八・一八　三井）

夏休み

15　ルイ・ヴィトン――運送業から世界のブランドへ

今週のテーマは「旅」である。

ルイ・ヴィトンが運送業者であったことはあまり知られていない。フランスの王政復古時代、ナポレオン三世のころの創業であり、そのころ盛んになったバカンスの習慣にのって、高級な運送業者として大きくなってきた。バカンスが国民全体に広がるのは、二〇世紀、一九三六年の有給休暇制度以降である。その前は、大商人や貴族が避暑に行く習慣があった。その運送を担当したのがルイ・ヴィトンだった。

その当時は、避暑に行くといっても旅行することはかなりおおごとで、旅行用のコンパクトな道具類が用意されているわけではない。逆に、普段使っている家具や食器を避暑地でも使いたいと希望し、それを避暑地に運ぶことが要求され、このようなわがままな要請に応えたのが運送業者のルイ・ヴィトンであった。

ヴィトンはそれぞれの客が持ち込む荷物にあわせてトランクを作った。例えば、日常使っているティーセットを避暑地でもそのまま使いたいという客のために、それにあわせたトランクを設計し、製造する。その中に陶器のティーセットを納めて避暑地まで運ぶことがヴィトンの仕事である。

特別に注文した避暑地に運ぶ用具専用トランクの開発はその後も続き、ある指揮者が愛用した移動式書斎が残されている。これは、トランクをひろげて組み立てると、書き物机と本棚が現れるというもので、どこに行ってもすぐさまその場所を自分の書斎として使うことができるというものだ。

相当にぜいたくだが、その専門業者として、ヴィトンは有名になる。ヴィトンを使ってバカンスにいくということがプレステージになったところで、誰が見てもヴィトンのトランクとわかるようなマークをつけることが考えられた。それが、いまも見かけるヴィトンのシンボルマークである。これは、実は日本の家紋にヒントを得ている。その当時に日本文化が流入し、浮世絵などがさかんにもてはやされていたのだが、その中で描かれている家紋を取り入れたものだ。

さらに、ヴィトンは大量のトランクを運ぶ場合に、その持ち主がたった一本の鍵で、自分のトランクの全部が開けることができるようにした。どのトランクも開けられるヴィトンの鍵を持っていることは金持ちを象徴し、ある特定の生活スタイルを持っていることを示すことになる。もちろん、その鍵は同じものがないように、個人個人が顧客登録され、そのお客が追加で頼めば、自動的にその鍵にあわせたトランクが届けられる。

こうなると、いやでもヴィトンは目につく。ヴィトン製品の品質だけではなく、それに伴う雰囲気が商売になる。高級ブランド（セレブレティ・グッズ）はこのようにして誕生した。いま、偽ブランドが出回るにはそれだけの背景がある。

現在、日本人観光客がヴィトンの店に群がっているが、その人たちが求めているのは、ヴィトン製品の品質だろうか、あるいは、その物語を背景としたプレステージだろうか。あるいは単に、ファッションとしての記号だろうか？


（〇一・七・三一　日置）

16　海外旅行——四者が得する夏のバカンス

この猛暑の七月から八月末までの夏休み期間に、日本人の七五六五万人が旅行に出かける、という推計をＪＴＢが出している。国内では、今春（二〇〇一年）オープンのＵＳＪも含めた「テーマパーク」や「温泉地」が人気の中心といわれているが、「平均旅行日数」が四日弱というのは、欧米の「バカンス文化」などを考えてみると随分短い。

この夏海外旅行に出かける人口は、二六八万人と推定されている。六年前の一九九五年には二九五万人と、三〇〇万を突破する勢いのピーク時に比べて少し減少はしているものの、二〇年前の八二年には八〇万人弱であったことを思うと、三倍以上増加している。バブル経済崩壊後の長期の不況下でも、日本人の海外旅行熱は冷え込むことがないかのようだ。

ＪＴＢでは『ニュースと資料』という報告書を出して、アンケート調査に基づき、旅行者数や旅行のパターンを類推している。それを見ると、やはり日本人の旅行は、国内でも海外でも、「周

遊型」が主流である。一カ所に長期滞在するというより、観光地を巡り行く、という傾向が強い。

政府の出している「出入国管理統計」によると、近年は、単純計算して、年間、日本人の八人に一人は海外旅行をしていることになる。性別・年齢別に見ると、やはり、二〇代の全女性のうちの二八パーセント、つまり三人に一人近くが海外旅行に出かけていて、最も高い比率である。

このように、OLのような独身貴族が、ゆっくりと海外旅行を楽しめるぜいたくな階層であることに変わりはなくても、実は、九〇年代半ばからは、「ファミリー旅行」が夏の海外旅行の主役になってきているそうだ。ツアー料金が低廉化した、というばかりでなく、サラリーマンの父親も比較的休みが取りやすくなった、といった、企業の対応の変化も影響しているようだ。

さらに近年の顕著な変化は、同じ「ファミリー旅行」でも、祖父母、父母、子どもという三世代が一緒に海外旅行するという家族の増加である。楽しい旅行中であるのに、嫁姑の関係など、ややこしくないのだろうか、と思うのは昔の発想である。

旅行中、子持ちの夫婦は、子どもを「おじいちゃん・おばあちゃん」に押し付けることで、久々に子どもから解放された二人だけの時間を過ごすことができる。祖父母もまた、かわいい孫と思う存分過ごすことができる。孫もまた、祖父母に甘えていれば、「小遣い」という余分な収入を獲得することができる。三者すべてが「しめしめ」と思いながら楽しめるというのだ。

せちがらい言い方ながら、平和な愛情関係も、どこかに利益がからんでいるものなのだ。それが許容範囲である限り、ほほえましい光景となる。今は高齢者でも海外旅行経験が豊富であったり、経済的余裕があったりといった条件が重なっているのだろう。

このような世代ごとの思惑をねらって、旅行代理店も、三世代で過ごしやすいホテルの部屋を確保するなど、うまく対応したパッケージツアーを企画したりしている。

「三者」ではなく、四者がすべて得をする海外旅行なのだ。


（〇一・八・一　住原）

17　海水浴――健康づくりから、若者出会いの場に

八月に入った。海だ、山だ、遊園地だと引っ張り出される季節。小学生のいるサラリーマンや、孫の顔を見るだけで満足している人たちが暑さに負けず外に出る。

学校通いの子どもたちは補習だ、予備校通いだ、ダブルスクールだと受験勉強に余念がない。子どもの夏休みといえば、昔は林間学校や臨海学校が楽しみだったが、今は若いサラリーマンと学生が浜の主役だ。

ＪＲ須磨駅は関西有数のビーチの最寄り駅。駅前で新タイプの眼鏡店を開いている野間治彦さん（三〇）に話を聞いた。医療機器メーカーに勤めていたが、阪神・淡路大震災後に独立して店を開いたという。「海の家は同期の何人かが結婚相手を見つけた場所です。会社指定の『家』には行きませんでしたね。友達がバイトをしている店とか、会社を離れた場所が多かったです。親爺の時代からは世の中変わっています」。

健康保険法では、被保険者や家族のために保険者は健康増進の施設に必要な費用を支弁するこ

とができるとされる。毎年必ず利用するのは検診車による定期健康診断。保健・福祉事業の一環として設置される保養所、体育館、保健会館もある。夏に開かれる海の家もこの一環だ。会社が費用の一部を負担し、サラリーマンは利用券などを持って海水浴にでかける。

今でこそ会社や学校で海水浴が盛んだが、昔は泳いだり、山に出かけたりする習慣はなかった。海水浴の始まりは健康増進のための塩あみ。一八世紀の中ごろ、イギリスで海浜の空気を呼吸し、海水に浸り、海水を飲むことが健康に良いとされ、その後に次第に医療を離れ、行楽や娯楽として各地の海浜に出かけることが盛んになったという。潮浴《しおあみ》や潮湯治《しおとうじ》の始まりだ。日本では『方丈記』の作家、鴨長明や悲劇の将軍源実朝も治療のための海水浴を歌に詠んでいる。

時代は下り、近代の海水浴は日本最初の海水浴場が愛知県に開かれ、その後各地の海浜で海水浴場を名乗るところが増えたことによる。明治時代、学習院では男子生徒を江ノ島の近くに集め遊泳演習を始めた。これが最初で、後に水泳が中学校の課外体育活動として採用された。臨海学校の始まりは、学校の多くが校内にプールを持たず、海辺や河岸で合宿訓練をしたことだという。やがて女性も海で泳ぐようになる。

この海の利用法を知るのは中高年のサラリーマンの世代まで。若いサラリーマンにとっては海に行くことはパブやレストランに集うノリ。レクリエーションや親睦行事として大切なものになっている。中にはひと夏の恋を期待する人もいる。

さきの野間さんはカヌーが趣味。シーカヤックを肩にかけ、暇を見つけては出かける。「海の家は出会いの場と化し、疲れたら関東煮や氷を食べ、遊泳する場としての海水浴は消えた」と断言。勤めていたときでもお仕着せの海の家券は使わなかったという。

今、健康づくりは室内が主流。日光浴のかわりに紫外線灯のボックスに入る。プールやジムを備えたクラブにOLや主婦も集う。通勤帰りのサラリーマンも多い。子どもたちも親と出かけるのに海や山よりアミューズメントパークを選ぶ。

この季節、営業で街を歩くのは暑いが、夏は暑いもの。季節感のなくなった時代、海や山に出かけていい汗をかこう。

（〇一・八・二　廣山）

18　バカンス――あくせくしないヨーロッパ流休暇

アマゾンの船旅をひとり楽しんでいたポルトガル人にちょっと議論をふっかけたことがある。すると彼は「今は長期休暇を満喫しているのだから、ほっといてくれ」と言って、姿をくらましてしまった。心身を休めるために休暇をとっているのに、こむずかしい話など御免こうむりたいという感じだった。

この長期休暇をポルトガル語ではフェリアスというが、一般にはフランス語のバカンスで知られている。英語ではバケーションだ。

だが、日本語のバカンスには独特のニュアンスが込められている。保養地で有名なニースなどの海岸で、ゆったりとすごす休暇をイメージするからだ。バカンスという単語は高度成長期に流布しはじめたが、働きバチのサラリーマンにはそんな余裕があるはずもなく、あこがれを込めて口にしていただけである。

とはいえ、日本には海岸にかわるれっきとした保養地がある。しかも、はるかに長い伝統をもっている。言うまでもなく温泉地だ。とくに湯治は健康回復をかねた長期休暇といっても過言ではない。国内の余暇開発は昔も今も温泉地を最大の目玉としている。

さて、バカンスのすごしかたは国によってちがいがある。フランスではきっちり一カ月の休暇をとるので、夏などは連絡がつきにくくなる。アメリカやブラジルでも事情はよく似ている。

しかし、イギリスではまとめて一カ月とる人はすくない。むしろ、何回かに分けて計画することが多いようだ。わたしは二〇〇〇年の四月から半年、オックスフォードに滞在していたが、カレッジの教職員たちは断続的にバケーションをとっていた。

行き先はニースのような高級リゾートではなく、スペインやイタリア、あるいは北欧というように、分相応の滞在をゆっくり楽しんでいる風情であった。故郷に戻る人もいた。夏休みにフランスの別荘にこもった教授もいて、うらやましく思ったものである。

さらにうらやむべきことに、ノルウェーでは全世帯の半分が別荘をもっているらしい。教えてくれたのは、オスロ大学準教授のアルネ・レックム氏（五六）である。

彼によると、同国では七月一〇日頃から八月中旬まで、大半の人は家族そろって休暇にはいるという。これは「義務」と考えられ、会社から人が消え、町はゴーストタウンと化す。経済活動はミニマムにおさえられ、それに呼応して新聞も通常の半分くらいに薄くなる。なぜなら記者も休暇をとり、広告も減少するからである。社会全体が冬眠ならぬ夏眠にはいるかのようだ。

国外に脱出する人は南ヨーロッパを好み、物価の安いスペインやカナリア諸島に人気がある。最近では、タイの海岸が格安で、一週間で航空賃も含め一五万円くらいであるという。

ところで、ノルウェーは離婚率が高い。それでも基本は家族で、長期休暇ともなれば家族そろって行動しないと「道徳的に悪い」という意識があるという。また、日本人やアメリカ人は団体バスを仕立ててヨーロッパのあちこちを旅行するが、ノルウェー人にとっては「考えるだけでも疲れる」と言いきった。

一カ所長期滞在型の、あくせくしない休暇。それがヨーロッパ流のバカンスである。


（〇一・八・三　中牧）

19　夏休み――ゆっくり休んでリフレッシュ

旧盆を目の前にして、早々と夏休みに入ったサラリーマン諸氏も多いことだろう。連日三五度以上のアスファルト地獄、汗まみれの満員電車、スーツにネクタイ、ストッキングにハイヒール

の「我慢大会」もしばしお休み。南の島や高原のリゾートで一カ月ほどゆっくりとバカンスを……という訳にもいかず、せめて今日は大ジョッキで乾杯、というあなたのために「世界の夏休み」の話をしよう。

「アメリカでも、大手企業の社長達はせいぜい二週間の夏休みをとるぐらい。大きな組織では一カ月以上のバカンスなどとても無理でしょうね」と話すのは、現在、帝塚山大学教員でベンチャー企業論を教えている山田悠さん（五六）である。

山田さんは大学卒業後、大手鉄鋼メーカーや大手証券会社などの勤務を経て、昨年から大学教員に転身した。企業派遣によりペンシルバニア大学ビジネススクールでＭＢＡを取得、ニューヨークやシンガポールでの長期海外勤務経験もある。特にシンガポールではベンチャー・キャピタルの社長も経験している。

「大企業とは対照的にベンチャー企業のオーナー達には面白い人が多い。休暇も豪快ですよ。例えば、一家揃ってハーバード大学の卒業生というある社長などは、家族で一カ月ほど自分のクルーザーで冒険旅行に出掛けます。行くところも普通の観光地ではなく、本当に動物に襲われる危険のあるサファリとか、オーロラを観にいくといったもの。ある時など、どうしてもオーロラが出ないのでもう一週間休暇を延ばす、と会社に連絡してきたそうです。また別のオーナー社長は、自分の趣味である民俗楽器を習うために、やはり一カ月の休暇をとってインドに行き、本格的に先生の指導を受けていたようです。いやはや、われわれには考えられませんが……」。とはいえこの社長達、休暇中も必ず会社に連絡を入れ、しっかりと経営には目を光らせていたようである。

山田さん自身の夏期休暇は一週間ほど、それでも海外にいる間は家族そろってできる限り世界を旅したという。「子ども達にとにかく世界を見せておきたかった。日本に帰ったらおそらくできないだろうな、という気持ちもありましたね。それほど経済的余裕があったというわけではありませんが、よく旅行をしました」と当時をなつかしむ。この時の経験があったためか、お子さんのうちの一人は現在海外の大学に学んでおり、将来は経済開発の仕事に就くことを希望していると聞く。

長年にわたる海外の勤務経験を経て、山田さんが思うことは「休暇」に対する意味が民俗や文化によって違うということだ。「今までの日本人は長期雇用の中で失敗が許されず、いつもプレッシャーを抱えて生きてきました。ですから休暇をとることはそのプレッシャーからの解放を意味していたように思います。それに対して、特にアメリカ人などを見ていると、休暇は仕事の切り替え、つまり、次の仕事に活力を与えるためのリフレッシュという意味を持っているようです」。

社会的には長期休暇が奨励されるようになった昨今、日本のサラリーマン達は逆に休暇を取りたがらないという。「痛みを伴う改革」へ皆で立ち向かおうとする「勤勉さ」の表れなのか、それとも「リストラへの恐怖」なのか。

いずれにせよ、ひたすら走り続けていても能率は上がらない。ここらであなたも一休み。

（〇一・八・四　三井）

20　帰省――いつの時代も夏旅行の主役

お盆に帰省するサラリーマンやその家族は多い。夫と妻、どちらの親元に帰省するのかは、常に微妙な問題である。ある知人は、妻の故郷が北陸の雪国であるので、正月休みは車で帰りづらい、という事情から、お盆には必ず妻方の両親宅に行くことになっている。彼の両親には、毎年それが忸怩《じくじ》たる思いだという。

「帰省」という言葉の歴史は古い。江戸初期の近江出身の儒学者、中江藤樹の著作にすでに出てくるようだ。昔から、故郷を遠く離れて働いている人々が、親に会うためや、墓参のための旅行をしてきた。

そもそも「帰省」の意味は、「両親の安否をたずねるために帰ること」と辞書にあるように、単なる「帰郷」とは意味が若干ずれる。帰省にはやはり、自分の元気そうな姿を親に見せて安心させ、また親が元気かどうか確認することで、あらためて自分という存在を「省《かえり》みる」意味合いが含まれているのだろう。明治期の森鷗外の作品の中にも「親に帰省する」といった使われかたが見られる。現在は、そのような言い方はあまりしないが、本来の正しい用法であると言える。

「帰省」は、年中を通じていつでも発生するものであるのに、俳句の世界では、「夏」の季語となっている。ちなみに、「お盆」の季語は「秋」なので、「お盆に帰省する」という日本人の慣例は、どちらの季節に属す行為だと言うのか⁉　今年の猛暑の中では、そんなことはどうでもいい、という気になる。

電通に勤務しながら、長年俳句を詠んでおられる時田勇二さんに、帰省がどうして夏の季語なのかお尋ねすると、「一年中スルものでもアルものでも、俳句の場合はそのものの一番ピッタリする季があれば、あるいは古来からの伝統によって（「本意」といいます）、四季いずれかの季語になる場合が多いです。ビールは夏、焼鳥は冬、といったように」という答えをいただいた。

夏場は高齢者の葬儀が多い、ということを見ても、「親の安否をたずねに帰る」という帰省本来の意味からして、やはり「夏」がふさわしいと言えるかもしれない。日本人が故郷を遠く離れて働くようになった昔から今まで、夏旅行の主流は帰省のためであったと考えられる。

ＪＴＢが毎年出している、『ニュースと資料』という統計を、過去二十数年にわたって見てみると、一九七〇年代には、夏の旅行の目的は、「帰省・墓参」と答える人が三〇パーセントを超えていて、他のどのような目的よりも高い数値であった。八〇年代に入っても、「帰省目的」は八二年に二九パーセント、八〇年代後半では二四パーセント程度にまで落ち込んだとはいうものの、依然として、「夏旅行の目的のトップ」であり続けた。

ところが、九〇年代の半ば近くにさしかかると、「観光目的」がトップになり、「帰省・墓参目的」は初めて二番手になった。その傾向は続き、二〇〇一年の今年、「帰省」は二〇パーセント程度まで減り、「観光」が二六パーセントでトップとなっている。

この数字だけから、日本人の家族のありかたの変化などを、簡単に結論づけることはできない。しかし、夏の旅行の形態が多様化し、リゾート志向が強くなり、様々な楽しみかたをエンジョイするようになっても、やはり帰省は、依然として中心的な目的であり続けている。

（〇一・八・一五　住原）

スポーツ

21　真夏の酒蔵――マイナースポーツを支えた企業

高校野球が始まり、日本は夏のスポーツの季節に入った。今週の会社じんるい学は夏のスポーツを取り上げる。

会社とスポーツの関係は、会社の宣伝のためにチームを持つという理由が大きいが、それだけが目的だとは思えないことも多い。宣伝のためだけならば、ファンが多くいる種目に限定される。ところが野球やバレーボール、サッカーといった人気種目以外のスポーツにも会社の応援は少なくない。マイナーなスポーツでもそれぞれに企業チームがある。

ハンドボールの「大同特殊鋼」や「湧永薬品」などはそれなりにかなり知名度を上げるのに貢献している。グランドホッケーの「表示灯」などは、マイナーなスポーツであっても、国体・全日本実業団・全日本選手権の三大タイトルを四年にわたって独占しているために、名前が知られるようになってきた。これらの企業は知名度を上げるために支援しているわけではなさそうだが、結果としてはおおいに宣伝にもなっている。

けれども、チームスポーツであれば、企業名が明確になるが、個人スポーツでしかもマイナーである場合は、会社の支援は受けにくい。相撲や柔道などはメジャーで、しかも団体戦があるから会社は支援しやすい。陸上の長距離も駅伝があることが企業スポーツとして成立するために役立っている。

けれども、完全な個人競技で、しかもマイナーなスポーツということになると、企業が後援をするのはかなり難しくなる。

例えば、フェンシングや重量挙げなどは企業が応援するにはあまり宣伝効果がない。注目を集めることも少ないし、選手を抱えても企業名につながらない。しかし、そのスポーツを経験した経営者が後輩たちを応援する形で企業はマイナースポーツを支えている。

今から四〇年ばかり前、秋田県の日本酒メーカー「小玉醸造」はレスリングの選手の練習場として夏の間使わない蔵を提供していたという話を思い出した。当時の日本酒醸造であるから、醸造は冬だけで、夏は蔵は空いている。それを利用するわけだから、マイナースポーツ支援としてはずいぶん有効だっただろう。メルボルン・オリンピックから、ミュンヘン・オリンピックの頃まで続いたそうである。

秋田は米どころ、酒どころであるが、隠れたスポーツどころでもある。その当時、東京オリンピックの少し前であり、体操の小野喬・清子夫妻に代表されるオリンピック熱があふれていた。その中で、当時のレスリング監督だった八田一朗氏の大学の後輩が社内で提案して蔵を使わせたという。今でも酒蔵は女人禁制のところもあるほどしきたりの厳格なところであるから、当時であれば大変な決断だったのだろう。秋田を代表する酒の一つである「太平山」のメーカーが蔵を開放したというのは大きなインパクトがあった。

アマチュアのマイナースポーツを支援するためには、さまざまな方向から行われなければならないし、その努力が報われるとは限らない。四〇年前の支援のあり方は現在と大きく異なっているが、その精神は受け継ぎたい。

（〇一・八・七　日置）

22　パンポン――「社技」としての企業スポーツ

「ワー」という歓声と拍手が静かな工場の敷地から聞こえてきた。茨城県の日立の工場の昼休みは季節を問わず、建物と建物の間の車道や路地のあちこちで楽しげな声と音がある。五〇代の男性から二〇代の女性職員まで、あらゆる年代層と職種の人々が、ある一つのスポーツを、真剣にかつ楽しそうにやっているのだ。真夏でも、白シャツを汗でびっしょりにしてやっている。

そのスポーツとは「パンポン」と呼ばれているものだ。たいていの読者にとっては「聞いたこともない」ものだろう。実際、日立製作所で考案され、主に会社の内部でのみ行われてきたスポーツであって、外部者は知らなくて当然である。しかし、昭和二年から現在まで七〇年以上も活発に行われるこのスポーツが、れっきとした日立の「社技」として位置付けられているのである。

バレーボールなど会社の宣伝も兼ねた「シンボルスポーツ」はよく注目されてきたが、社員ならだれでも参加できる「するスポーツ」としての「社技」は知られることが少ない。

「パンポン」とは、簡単に言えばテニスと卓球の中間にあるようなスポーツだ。縦七メートル横二メートル五〇センチのコートを、高さ四〇センチのネットで仕切って、ソフトテニスのゴムボールを、三〇×二〇センチの四角い板をラケットにして打ちあう、というものだ。シングルスとダブルスがある。

テニスを趣味とする私も少しやってみたが、だれでもできそうな反面、けっこう奥深く、勝つためには高い技術が求められる。二〇年もやってきた部長さんが、若い女性社員にやられたりすると、笑いと拍手がわき起る。少しむずかしそうな言い方をすれば、「パンポン」は昼休みの単なる運動や楽しみであるばかりでなく、職場での地位の上下関係を、一時的に「平等化」したり、あるいは「地位を逆転」させたりすることで息抜きさせる、一種の「儀礼的」な意味合いさえ持っている。

また、長年続いている全国大会や、茨城地域の大会である「高尾杯」などの予選が近づくと、きわめて真剣な練習風景すら見られる。「高尾杯」も見学したが、各工場の名誉をかけた熱戦が繰り広げられている。

かつて昭和二〇年代には、全国の日立工場内ばかりか、東京都内の本社ビルでも行われていた。それを見ていた近くの銀行の職員たちが屋上でやっている新聞記事も残っている。今では、島根県の日立工場などの数少ない例外を除いては茨城県内の日立製作所と、近隣の小中学校などで、主に定着しているにすぎない。

この創作スポーツの起源をさかのぼると、最初に同僚たちと始めた人物は、田所正さんという方で、現在九一歳、日立市のご自宅でご健在だ。退職する七八歳まで日立一筋に設計技師としてやってこられた。ご自宅に訪ねて、発祥のいきさつを伺った。

大正から昭和になったばかりの当時、日立の現・山手工場では労働環境が悪く、「健康を害する同僚たちを見ていて、気軽に体を動かせる運動はないものか」と考えたのが始まりだという。当初は、和歌山みかんの板箱のふたをラケット代わりにしていたそうだ。

工場内の他の勤務者も真似るようになり、当時工場長であった高尾直三郎さんが奨励し、「パン」

と打って、「ポン」と跳ねるところからこの名を付けた。「高尾杯」はこの人にちなむ大会である。

（〇一・八・八　住原）

23　都市対抗――きずな失った企業スポーツ

二日の対ヤクルト戦が終わり、二五日の広島戦まで阪神タイガースにとっては恒例の「死のロード」。その期間、甲子園球場は高校生であふれ、地方戦を戦い抜いた高校球児が深紅の優勝旗を目指す。地方出身のサラリーマンにとって故郷を思う季節の始まり。

少しでもその地域に関係のある人たちが声をからして声援する。同郷意識が高まり球場や居酒屋での会話に花が咲く。

ところで地域対抗といえば、その代表格、都市対抗野球第七二回大会の決勝戦が先月末に東京ドームで行われた。浜松市（河合楽器）が岡崎市（三菱自動車岡崎）を六対三で下し、初優勝。昨年は大阪市（大阪ガス）が川崎市（三菱自動車川崎）と決勝戦で争ったので多くの関心を引いたが、今年は関西勢の門真市（松下電器）、京都市（日本新薬）がともに準々決勝で敗退。少し盛り上がりに欠けた。

梅田にある新阪急ビル屋上のビアガーデンで三〇歳代のサラリーマンに地域とスポーツについて話を聞いた。大画面でスポーツ観戦もできる場所だ。予約で満席の日も多い。コンピューター

関係の大手企業で係長級だという人が話してくれた。

「昔、単身で赴任していたところなんかのチームが出ると、今も心が弾みます。スポーツの種類は関係ないです。同じ考えを持つ人と出会えるかなと思って、若いのに誘われるまま、ここに来ました」「うちの会社は都市対抗を止めたんじゃなかったですか。皆、これで風通しが良くなるといってますよ」「いや、それは……」。言葉を濁した先輩は昔の野球について話し始めた。

「親爺に聞いたんだが、タイガースは一九六一年まで大阪タイガース、ドラゴンズも五四年まで名古屋ドラゴンズと名乗っていたんだ。時代の流れが企業を求めたんだろうな。今、横浜と広島以外の球団は全部、企業名が入っているよ」。「先輩、古いですね。都市対抗は企業が中心だから面白くないんですよ。駅伝なら都道府県単位だし、特に地域選抜チームがあっていいですよ」。入社二、三年目くらいのほろ酔いの男性が割り込んだ。

五日の日曜日、富士御殿場駅伝があった。御殿場と富士山頂の浅間神社までの往復。毎年、自衛隊が上位を占めるが、地元や高校生チームも頑張る。静岡放送が取材し、全国ネットで録画放送。地元のスーパーのチームがこのレース限りで廃止されることも放送された。時代の波は着実に、このレースにも押し寄せる。山頂の折り返しを受け持った選手は「今年が最後、精一杯やったので悔いはない」という。過酷で玄人好みだが、根強い人気の駅伝だ。

高度経済成長がサラリーマンに豊かさを与え、会社が人の繋《つな》がりの中心にあった時代には、実質的には企業対抗の都市対抗戦でも人の共感を呼んだ。都市で働く人の生活の中心に会社がある時代だった。

今、会社は本来の「社会的責任」つまり利益の確保を前面に打ち出す経営を行う。社会にもサラリーマンが社外に繋がりを求めたときの受け皿をつくる考えが芽ばえている。

身近なチームの試合を観戦し、応援するのは昔。今や参加型の市民サッカーや早朝野球が若者を中心に盛んだ。健康ジムやプールにも人気がある。絆《きずな》を生む場は、社外に確実に増えてきた。


（〇一・八・九　廣山）

24　野球移民――海を渡った高校球児たち

甲子園に高校球児たちの球音が戻ってきた。このところ日本のプロ野球は、イチローや新庄などの活躍もあって、メジャー・リーグにおされっぱなしだ。だが、高校野球はサッカーに多少人気をうばわれたとはいえ、いまだ健在である。

甲子園大会の魅力のひとつは地方対抗にある。わが母校がかつて甲子園に出場し、わたしも応援にかけつけたところ、なんと七回ラッキーセブンで歌ったのは校歌ではなく県歌「信濃の国」だった。地方対抗は、ノンプロの実業団野球になると都市対抗になる。こちらは往年の栄光にくらべると、低迷が久しい。そのノンプロ野球が全盛だった頃、ブラジルに進出した日本の会社に採用され、野球を目的に移民となった人たちがいた。いわゆる「野球移民」である。

一九六二年といえば、二年前に所得倍増計画がうちだされ、二年後に東京オリンピックをひかえていた頃である。三月三〇日、横浜の港を出航した「あるぜんちな丸」は四月二日、神戸に寄港し、五月一一日ブラジルのサントス港に到着した。その船に、サンパウロ市郊外のモジダスクルーゼスにある「豊和《ほうわ》工業」（本社、愛知県新川町）が雇用した二〇歳前後の青年が数名乗船していた。かれらこそ高校野球できたえられた球児たちであり、甲子園組も含まれていたという。そのうちの一人はいまでもサンパウロに在住とか。

そう教えてくれたのは、同船でやはり移民として渡伯し、いまはサンパウロ市内で書店を経営する高野泰久氏（六〇）である。「その頃の豊和は鐘紡とならんで強力な野球チームを編成し、セントラル地方で覇を競い合っていた」と語る。

『ブラジル日本移民七〇年史』にもセントラル地方の野球について「戦後、各地に各級チームの胎動が盛んになり、鐘紡、豊和などの企業チームが生まれたことにより最強の地方となった」とみえる。

豊和は紡績工場を経営していたが、数年前閉鎖した。野球チームがいつなくなったかは定かでない。しかし、ブラジルの野球は日本との交流を深めている。「野球移民はいまの日伯野球交流につながっていると信じたい」と高野氏は語った。

実際、日本ではサッカー少年がブラジルをめざすが、ブラジルでは野球少年が日本に留学するようになっている。山形県羽黒高校には現在三名のブラジルからの野球留学生がいる。県の交換留学制度でブラジル野球連盟の推薦をうけ、昨年二名が入学し、今年も一名加わった。宮崎県日章学園高校にも昨年来ブラジルから二名、野球留学を果たしている。

また、出稼ぎの父を追って来日し、高知県の明徳義塾に進み、甲子園のマウンドを踏んだ二世投手もいる。プロ野球のヤクルトがサンパウロ市郊外のイビウナにもうけた野球場もあり、すでに同球団にはブラジル出身の二軍選手が数名在籍している。

一九八八年の移民八〇年祭のときは、夏の甲子園出場選手からえりすぐって構成された選抜チームがブラジル各地を転戦し、五勝三敗の成績を残した。一九九九年に春の甲子園を制した沖縄尚学高校もブラジルに渡っている。「ブラジルからも甲子園に出場するチームが出ればいいのに……」。高野氏は夢のような期待に胸をふくらませた。

（〇一・八・一　中牧）

25　親会社――プロに出向した東大出身投手

阪神の広沢やカツノリ（ともに明大出）、近鉄の山本（慶大出）や水口（早大出）のように、東京六大学からプロ野球に飛び込んだ選手は多い。その中には東京大学出身者が四人いる。いずれも投手であった。

最近から遡《さかのぼ》ると、平成一一年、日ハム入団の遠藤良平。平成三年、ロッテ入団の小林至。昭和

四一年、中日入団の井手峻。そして第一号が新治伸治（五九）だ。オールドファンなら記憶に残っている方もあろう。東大では四勝四一敗の戦績ながら、野球部史上に残る名投手といわれた。

しかし、大洋ホエールズ（現・横浜）への入団経緯はかなりはずれていた。

新治は昭和三九年にホエールズの親会社、大洋漁業（現・マルハ）に就職した。頭ひとつ抜き出た体軀《たいく》。遠くを見るような眼。ゆったりとした動き。「技量を極限まで磨けない人間がプロになっては失礼ではないか……」と思っていたが、中部謙社長との話の途中勢いで「じゃ、やってみましょうか」というわけで、入社早々親会社から出向、昭和四〇年にドラフト外、契約金なしで入団した。もちろん投手、背番号は「28」。当時、三原監督が新治の入団を熱望していたし、社長は話題作りにそれを狙っていたとの噂《うわさ》も立った。

春キャンプから参加して「今まで自分のやっていた野球が、いかにいい加減かを思い知らされました」といいつつも開幕ベンチ入り。プロの駆け引きを身につけ、読みの深さで流れを捉え、果敢に投球。一年目は五勝二敗。四シーズンを投手として過ごした。通算成績は登板八八試合で九勝六敗、防御率三・二九であった。

引退とともに出向を終えて大洋漁業に戻り、途中ロサンゼルスとシアトルで六年半の海外勤務をはさんだ後、社長秘書を務めていた。

昭和五〇年代、日本の水産業は七つの海から締め出されつつあった。相手国で漁業技術を指導し、獲れた水産物を輸入する企業に変貌していた。おりからの円高の進行と乱高下。円高ならその分丸儲けだったが、その逆もあり、外国為替相場が会社の決算を大きく左右した。

大洋漁業では外国為替をそれぞれ事業部ごとに扱っていた。この状況を見て、新治は中部藤次郎社長に進言した。「会社全体の為替管理ができないと収益の安定はありません」「じゃ、お前やれ」。財務畑は全くの素人ながら、五〇年代半ばに新治は財務部外為課長となった。

当時、外国為替は予約売買の世界。そして勝負の世界でもある。新治も全世界の政治・経済ニュースに目を光らせ、情報を集めながら市場の流れを読む。社内各事業部と銀行の両方相手に情報戦を繰り広げ、駆け引きと決断、そして予約。決済日になれば結果がわかる。

予約と実際が大きくズレると大変だ。当時は年間に一ドル当たり五、六〇円も相場が変化した。一ドル一円の差でも年間通せば億円単位の差益や差損が出た。新治はここでも読みの深さで流れを捉えた。商社や銀行に互して、差損を押さえ込み、差益を出す攻めに転じ、経済誌やマスコミの話題となった。

その後、中国支社長、東北支社長、本社審議役を経て現在は関連会社社長。今も流れを読んでいるに違いない。最近の流れも速い。

（敬称略）

（〇一・八・一一　宇野）

カレンダーと年末

26　カレンダー①――実用性より宣伝効果ねらう

年末が近くなり、会社からカレンダーが届く。大企業だけではなく、昔は米屋さんやクリーニング店など、近くの商店もカレンダーを客に配っていた。このような習慣がいつからはじまったのかわからないが、かなり古いもののようだ。

販売促進のために顧客に暦《こよみ》を配るというのは、伊勢神宮に参拝ツアーを呼びかける御師《おし》が販売促進に配っていた伊勢暦あたりからはじまっているから、ずいぶん古いことになる。

もちろん、カレンダーではなく、暦なのだが、明治になって会社がカレンダーを配るようになる以前から販促グッズとしての歴史を持っている。その伝統からか、日本では会社がカレンダーを作り、配るのは当たり前となっている。

書店などで買うと千円以上もするカレンダーを、捨てられないようにしっかり使ってもらうためには、かなりこったものを作らなければならない。何しろ、一年間会社名が入ったものを置いてもらえるか、あるいはゴミ箱に行くかの分かれ道だから、かなり気合を入れて作ることになる。

その中でも製薬会社のカレンダーにはこったものが多い。これは、病院や医院にかけてもらう

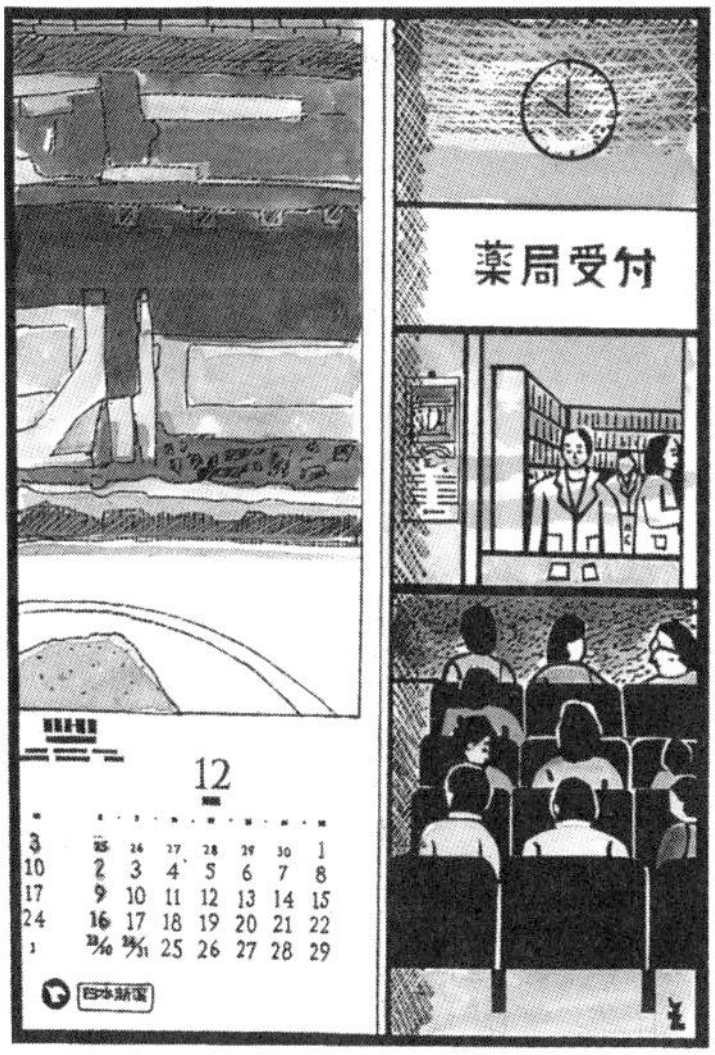

ためだ。製薬会社では病院や医院で薬品について医師に情報提供をするＭＲ（医薬情報担当者）が販売促進の前線にたつが、その時に手みやげにするのがカレンダーである。

病院の時間待ちに見るカレンダーはかなり宣伝効果が高いし、医師に対しても製薬会社の名前を毎日見ることになるのだから、何とかアピールするカレンダーを持っていきたい。各社がそれぞれにオリジナルのカレンダーを競い合っている。

武田薬品のカレンダーは小出楢重画伯の名画。一年に一枚の絵だけで、日付の部分を破っていく。一年間飽きがこないような名画でなければならないし、それだけ高度な印刷でなければならない。主として医療関係に配るので、一般薬を販売していても、薬局の一部に配る程度で、一般消費者には届かない。

これに対して、京都に本社のある日本新薬では、京都の風景や行事などを型絵染の技法で描いたカレンダーである。用紙も柔らかい和紙の雰囲気のものを使い、真っ白なアート紙は避けている。

もう四〇年も続いているそうで、京都ブランドを強調して、京都の雰囲気を出したカレンダーで、評判はかなりのもののようだ。患者を抱えているために長期の旅行が難しい医師にとっては、京都の旅情を居ながらにして味わわせてくれる。巧みに医師の心をくすぐるのに成功しているのかもしれない。

評判になり、ピーク時には一〇万部を超える数を印刷していたそうだ。現在はかなり減っているものの、七万部を用意しており、人気は高い。こちらも、医療用医薬品が専門で、一般薬は販売していないために、病院に行かなければ見ることはできないし、入手も難しい。

実用性よりも、絵の魅力で製薬会社のカレンダーは人気のようだ。となると、この連載の挿絵を担当していただいている田主画伯の版画はいかがか。どこか、使ってみようという会社はありませんか？


（〇一・一二・一一　日置）

27　カレンダー②――時代を超えたお歳暮

会社や小売店が、顧客や商売相手先に贈る物で、カレンダーほどポピュラーなものはないだろう。もらう立場としても、これほど気楽に頂戴できてかつ有用なものは少ない。

「既成カレンダー」業界（カレンダーを製作して、顧客の社名や店舗名を印刷）ではトップの「新日本カレンダー」の本社（大阪市東成区）を訪ねて話を伺った。一九二二年（大正一一年）創業以来、ずっとカレンダーを作り続けてきた老舗《しにせ》である。

日本では、戦前から企業や小規模店舗が、顧客などにカレンダーを提供してきた。ちなみに、夏場には「うちわ」や「扇子《せんす》」が贈呈された。丁度お中元とお歳暮のように、これらの品物が使われてきたことになる。新日本カレンダーも、創業時から、年末には「暦《こよみ》」、夏には「うちわ」「扇子」をつくってきて、今もそうである。ただ、扇風機やエアコンが当たり前になってからは、うちわの方は下火になっている。

しかし、カレンダーだけは、あらゆる時代を超えて需要は著しく変化していない。といって、危機感が一度もなかったというわけでもない。「デジタル腕時計が出たころは、日付が入っていて、カレンダーが時代遅れになるのでは、と気になる時もありましたが、全く関係ありませんでした」とは、新日本カレンダー総務本部長の東大路守逸さん。「近年は、パソコンにカレンダーが入っていますが、そういうことも影響を感じません」とも言われる。

無論、世の景気の影響はある。バブル経済のころは、カラフルで高価な金色などをふんだんに使ったものへの注文が多かったのが、不況の今は、色彩の少ない文字ばかりのものの注文が多いという。

好まれるカレンダーはまた、時代を反映してもいる。戦前は、シンプルな「日表」つまり「日めくり」暦が中心を占めていた。復興のきざしの見え始めた昭和三〇年代からは「月表」つまり、月毎に表示されたカレンダーが好まれるばかりでなく、美しい写真、とりわけ「スターもの」と呼ばれる、超有名映画女優の写真が載っているものが長らく流行《はや》った。しかし、近年はむしろ水着姿のアイドルなどが人気を呼んでいる。ただ、アイドルの場合は、名前も付けておかないと誰だかわからないことが多い。

富士山を代表とする「風景もの」カレンダーも、現在に至るまで根強い人気があるが、日本ばかりでなく海外の風景、さらには「世界遺産」などもモチーフになってきている。

変わらないものもある。「縁起もの」カレンダーの定番は昔から「七福神」であり、今もそうである。

日本は一八七二年から太陽暦を採用してきた。しかし現在でも六曜（先勝、友引、先負、仏滅、大安、赤口）のような、陰暦の影響は全くすたれていない。「全国カレンダー出版協同組合連合会」（東京）というこの業界の組合が昭和四〇年代から毎年、暦の専門家に依頼して六曜情報をとりまとめている。

また、今やカレンダーは、時を見るための機能性ばかりでなく、インテリアの一種としての要素が強いために、ペット、趣味、アニメなど多種多様なモチーフとデザインが駆使されるようになっていることは、日常感覚でも感じることだ。

時間を代表するカレンダーは、人間に見られながら、逆に静かに人間を見続けているかのようだ。

（〇一・一二・一二　住原）

28　粗品――モノよりキャッシュの時代

歳末になると不況とはいえボーナス獲得商戦が盛んだ。自宅にも多くのダイレクトメールがくる。

そんな中、二〇代の金融マンの話を聞いた。吉岡慎太郎さん（仮名）は大阪に本店のある信用金庫に数年前に入庫、今は第一線で営業にたずさわっている。「最近は、縁や地盤、看板で営業するのが難しくなって。昔は定期をつくってもらった時にお渡しする粗品で喜んでもらえてたんですが、今は『こんなんくれるんやったら金利あげてや』という主婦が多いんです。外国旅行に行く人も増えて、現地のATMで利用できないと言う人も」

確かに、金融ビッグバン以降、「護送船団方式」の見直しが迫られ、ここ数年の間に銀行をはじめとする金融機関は抜本的な対応を迫られている。ジャパネット銀行やソニー銀行、イーバンク銀行などのインターネットバンキング中心の新種の銀行が既存の金融機関や大企業の手で誕生している。

「お客さんの質問で一番困るのは『自分の預金を引き出すのになぜ手数料がいるのか』という人です。確かに外国では二四時間無料で引き出せるところが多いようですね。人件費の問題ですかね。個人的にはこの点も国際化しなければ勝ち残れないと考えています」

外銀の老舗シティーコープでは来年（二〇〇二年）一月半ばまで新規口座開設キャンペーンを行っている。その目玉は粗品ではなく、現金。二月の平均預金等残高が五〇万円以上あると残高や申し込み方法に応じて最高三万一〇〇〇円が四月に入金されるという。銀行の定期預金の粗品といえば定番のラップやティッシュ、家庭用品という時代とは隔世の感。郵貯や提携銀行のATMの使用料も残高が一〇〇万円以上で無料、口座維持手数料も三〇万円以上あれば不要という。

日本人の生活習慣が変化し、二四時間現金を引き出せないと不便だと感じる時代になった。欧米のスーパーではキャッシュバックといって、買い物と同時に現金を受けとれるサービスがクレジットカードにある。こんなサービスも今後普及するだろう。

「まあ、不景気ですわ。でも手元に現金があると使います。お金が回らないことには景気は回復しませんから何処でも何時でも現金を手にできるシステムにしないと。信金マンを描いたマンガの『なかやん』のように人望だけでは営業も苦しいですわ」

日本の金融は歴史的には重層的構造とよばれ、住み分けによって地方と都市、中小と大企業の間の資金ポンプ機能を果たした。企業は銀行借入金を中心とする間接金融の力を借りて成長を達成した。日本株式会社の司令塔とよばれた通産省の行政指導、金融における護送船団方式などが当時有効な経済策だった。

「今は自由の時代。金融機関も変わらないと。よりきめ細かくとか、小口は相手にしないとか。特徴をつくるのが急務だと思っています。でも上には言えないし」。若い営業マンは苦渋の表情だった。

粗品は世相を表す。一時期はやった家庭用のラップに代えて「環境にやさしい」品物を提供する銀行もある。粗品一つにも気をつかう。

医療でのホームドクターと同様、ホームバンクは必要。しかし、給料の受取口座取引に安住していると顧客に見放される。「粗品の心」を本業に生かして、本体での真剣勝負が将来の金融機関を左右するようになっている。

（〇一・一二・一三　廣山）

29　世界のカレンダー――もらうカレンダー買うカレンダー

アドベント・カレンダーの季節がやってきた。アドベントとはキリストの降誕節に先立つ待降節のことである。ドイツではクリスマスを楽しみに待つ子どもたちが、1から25までの番号をふったカレンダーの家窓を、毎日ひとつずつ開けていく。日本でも最近はデパートなどでドイツ製のアドベント・カレンダーを見かけるようになった。

その輸入カレンダーの主力は美術と風景に関連したものである。室内装飾としての意味が大きいのだろう。そして世界中どこでも通用するように、国の祝日をいれないことも特徴のひとつだ。これはカレンダーの世界におけるグローバル化の一面にほかならない。

グローバル化はともかく、近年、買うカレンダーが勢いづいている。ひとむかし前までは、カレンダーはもらうものとの認識が一般的だった。もらう先も商店や会社と相場が決まっていた。これは何も日本だけではない。欧米でもアジア諸国においても通年でPRできるカレンダーは有力な販売戦略アイテムである。

南米でも事情は同様である。一二月ともなるとカレンダーがさかんに配られる。一枚もの、六枚もの、一二枚ものはありふれている。だが、二年ものや日めくりはめずらしい。

その日めくりで、三六五枚に五二枚たりないものをブラジルの知人宅で発見した。落丁ではなく、土日が一枚におさめられていたのである。聞けば経費節減のためだという。では、なぜ土日なのか。答は、会社で休日にカレンダーは必要ない、というものだった。その合理的精神に感心したわたしは、その知人にたのんで、配布元のメーカーから首尾よく同じものを入手することができた。

もらうカレンダーはその人やその家のつきあい関係をよく表している。かつてブラジルの日系人家庭では、顔の広さを誇示するかのように、もらったカレンダーをこれ見よがしに飾りたてる風潮がみられた。これを「カレンダー文化」と評して眉《まゆ》をひそめる人たちもいたが、高価な絵画を壁に掛けることのできなかった貧しい時代の一齣でもあった。

インドネシアでは日系進出企業の豪華なカレンダーが現地従業員にとって垂涎《すいぜん》の的だと聞いた。家でそれを飾れば鼻が高くなるのだという。もらうカレンダーもモノによっては社会的威信を増すものらしい。

しかし、インドネシアには買うカレンダーの風習も見られた。路上の売店に並んだ商品にはイスラーム暦、ジャワ暦、バリ暦など多様な伝統が盛りこまれ、複雑な社会を読み解く鍵に満ちていた。

買うカレンダーの伝統で言えば、フランスの郵便局が発行し、郵便局員に配達させるカレンダーは、百数十年の歴史をもっている。しかも、そこにはパリ市街図、地下鉄路線図、全国の電話局番など日常生活に便利な情報が満載されている。家庭では冷蔵庫や電話機のそばに置かれ、鑑賞よりも実用的な価値をもっている。その普及度が圧倒的なあまり、逆に企業カレンダーの文化が花開かなかったほどである。

フランス人はカレンダーを会社や商店からもらうものというより、郵便配達員から購入するものと心得ている。しかもクリスマスの時期にあたるところから、日頃の感謝を込めて配達員に年一度の心付けをはずむことになる。長い伝統はチップの風習にも支えられているのだ。

（〇一・一二・一四　中牧）

30　美容暦——化粧品会社のカレンダー

壁のカレンダーも残り一枚となった。かつて化粧品店経営にかかわっていた頃、この時期になると、景品のカレンダーを求めて男性客が増えたことを思いだす。「あのモデルいいな。カレンダーくれないかな……」。店の前でそうつぶやいた経験のある方もおられることだろう。

「一番多い頃には大きな壁掛けカレンダーを約二五〇〇万部、卓上版は六〇〇万部ほど作成したでしょうか。日本中の数百万というご家庭にわが社のカレンダーが置かれていたというのはすごいことです。卓上用というスタイルは資生堂がかなり早かったと思いますよ」と語るのは、資生堂企業資料館・資生堂アートハウス館長の入江良行さんである。

資生堂は、写真家でもあった初代社長、福原信三の強いリーダーシップの下に、一九一六年に意匠部（現・宣伝部）を発足し、ポスターや新聞・雑誌広告、パッケージデザインなどを通じて「資生堂スタイル」を表現してきた。しかも当初から美術学校の学生や新進気鋭の芸術家を集め、単なる広告宣伝物を超えた芸術性の高い「作品」を生み出し続けてきた。カレンダーもその一部である。

現在、資生堂資料館に保存されている「最古」の資生堂カレンダー「御家庭暦」を見せていただいた。一九三一年と書かれた布製の小冊子の表紙には、後に名声を博した山名文夫ら意匠部のデザインによる、アールヌーボー調のモダンな女性と薔薇《ばら》のアーチ、背景には「資生堂唐草」と呼ばれる図柄が施されている。

年月を経てセピア色に変色しているとはいえ、かすかに残る色彩は柔らかく優雅な「資生堂調」である。表紙には資生堂のロゴ、そして裏表紙には、当時既に発足していたチェーン組織を物語る小売店の店名が印刷されている。

意匠もさることながら興味深いのはその内容である。月の行事、歳時記、縁起などが細かく説明され、祝祭日などが書かれていることは普通の暦とあまり変らない。しかしそれに続いて、その季節ごとの化粧方法が丁寧に説明されており、最後にそれに相応《ふさわ》しい資生堂化粧品名が付け加えられている。

例えば一月は「夜お休みのせつコールドクリームをおつけになれば、お顔の肌を徹底的に美しく健全にします。白粉《おしろい》を洗い落とした顔にすりこむ様につけますと一度肌の中に吸ひ込まれたクリームは朝までの間に肌の中の汚いものを吸収して顔面に出て来ますから、それを洗ひ落とせば顔の中まで綺麗《きれい》になります」という具合。つまり、これは暦の形をとった消費者への「美容教育冊子」であり、さしずめ「美容暦」といったところである。また、「一年を通じて資生堂の商品はあなたの美しさを作ります」というメッセージも込められていたのであろう。

SHISEIDO
HOME
CALENDAR
御家庭暦
1931
資生堂
東京銀座

当時から七〇年が過ぎ、現在はCMモデルの写真やイラストを中心とした「カレンダー」へと変化した。ここでは細かな美容アドバイスは姿を消し、モデルの化粧やファッション、イラスト全体の雰囲気を通じて「資生堂スタイル」をアピールするものへと変っている。受け取る側はおそらくポスターや絵画のように「鑑賞の対象」としてこれを眺める。

「美容暦」から「鑑賞するカレンダー」へ――。この変化が意味しているのは、消費者の化粧意識の成熟化か、会社と消費者との関係の変化なのであろうか。カレンダーはただ黙々と月日を刻み、時代を映す。

（〇一・一二・一五　三井）

31　大納会――年の終わりのセレモニー

証券取引所の立会場に厳粛な手締めの音や万歳の声が鳴り響き、一年の株式市場が閉じられる「大納会」の日が今年もやってきた。手締めには座の〝けじめ〟や〝締まり〟をつけるという意味がある。一年の取引にけじめをつける日、それが大納会である。

東京証券取引所の広報グループの話によれば、大納会の歴史は記録上では昭和二年だが、実際には明治期にまで遡ることができるという。その時以来、今日まで連綿と続けられ、ピーク時には二〇〇〇人を超える人々の手締めが高らかに鳴り響いたこともある。

しかし一九九九年にコンピューター取引への移行とともに立会場が廃止され、「東証ARRO

ＷＳ」へと生まれ変わった。それ以降「大納会」というセレモニーのスタイルも様変わりしている。

「九九年末の大納会は改修工事のために当時のシステム売買室で、東証職員のみで手締めが行われました。昨年二〇〇〇年末は、二〇世紀最後の大納会、また東証ＡＲＲＯＷＳ完成後、最初の大納会ということもあり、有名なジャズ演奏者を招いて盛大に行いました。今年は、一一月に東証が株式会社化されたのを機に、より開かれた東証を感じていただくために、これまで手締めのメーン会場には一般の方はご入場できなかったものを、誰でも入場できるようにし、記念品なども差し上げるようにしました」と広報担当者。

このため東証はホームページで「東証大納会、大発会にあなたも参加しませんか」と呼びかけ、一般参加者を対象とした催しを計画した。今年も一一時からの大納会には、東証取引参加者代表、今年の新規上場会社代表、一般入場者の計約三〇〇人が参加。先着順にメーン会場、ＶＩＰ席に案内され、打鐘とともに行われた今年最後の取引に立ち会った後、手締めに続いてハープのミニコンサートを楽しんだ。

かつては上場企業や重要取引先、東証関係者などによる「仕事納め」の儀礼であった大納会が、今や「年末の風物詩」としてテレビ放映され、一般参加者にも開放されるセレモニーとなった。この「開かれた東証」への変貌が、低迷した日本経済の活性化へ向けて、爽《さわ》やかな一石を投じてくれることを祈りたい。

来年で入社一〇年目を迎える東証社員の一人は言う。「大納会に出て手締めを行うと、仕事を含めて一年の出来事が一気によみがえってくる気がします。それと仕事を終えてから、自分が新聞やテレビに映っていないかチェックします（笑）。今の日本経済は厳しいですが、来年を乗り切れば展望が見えてくると思います。本当にそう期待したい」。電話口での彼の口調は力強かった。

二一世紀最初の激動の一年、さまざまな出来事に驚き、怒り、悲しみながらも、何とか冷静さを保ちつつ、われわれは会社やサラリーマンの「今」を伝えようと努めてきた。それが成功したかどうかは、読者のご判断に任せる以外にない。読者の皆様に心から感謝してこの連載の仕事納めとしよう。

ところで、この原稿を書き終えた翌日、「来年三月末で大阪新聞休刊」の大ニュースが飛び込んできた。大阪の人情と商魂を詰め込んだようなこの新聞が巷から消えていくのはいかにも惜しい。この〝浪速魂〟がどこかに引き継がれることを心から願って、一本締め!!

（〇一・一二・二九　三井）

第二章　会社の文化、サラリーマンの文化

社縁と趣味縁

32　公益社――巨大社葬を演出するもう一つの企業

最近は、社葬も会社や故人の特徴を出そうとして、さまざまな試みがなされている。葬儀社側でも会社の個性に合わせたアイデアを提案しなければならない。

社葬は特定宗教の形式をとらない無宗教葬で行われることが多い。その場合、必ずといっていいほど飾られるのが、大きな遺影を中心にした生花祭壇。一般の白木祭壇よりも費用は高くつくが、仏教や神道といった既存の宗教を連想させないスマートさが人気の秘密らしい。

生花祭壇は特に決まった形式がなく自由なため、そこにいろいろなデザインや意味を込めることができる。

特にロゴや社名をデザインして、会社を挙げた葬儀を演出する祭壇は数多い。ある建設会社の社葬のように、遺影を取り囲むように生花でビルをデザインして業務を前面に出すものも見られる。関西で数多くの社葬を施行している「公益社」（本社・大阪市）も、顧客となる会社のさまざまな要望に応えるため、知恵を絞ることになる。無宗教葬では、参列者は焼香ではなく、献花をしてお別れをする。そこで単に祭壇に花を置くだけではなく、いろいろな方法が考え出された。

一九九八年、大阪ドームである電気機器商社会長の社葬が行われた。大阪初のドーム社葬である。故人のモットーであった「和」の思想を演出するため、献花をする参列者が、「和」の字形の台に白菊を挿して、文字を浮かび上がらせた。そして故人の言葉を朗読して、その経営観を示した。

二〇〇〇年、大手スーパー会長のドーム社葬では、参列者九三〇〇人の献花時間を短縮するため、精霊流しをイメージして、祭壇前に「海」を作り、その中に花を投げ入れた。これには、参

列者に見えない「裏」話があり、流された多数の花が祭壇裏にたまるのを、裏方の公益社社員が汗を流して取り去ったという。

こうした苦労がつきまとう葬儀業界は男性の世界だと考えがちだが、最近は女性社員も活躍するようになってきた。公益社では新卒の女性社員を採用し、一定期間の研修ののち、男性社員と同じように葬儀を担当する。もちろん社葬も。「最近も、ある社葬を入社二年の女性が祭壇の設営からディレクターまで務めました。むこうも一部上場の伝統ある会社、彼女の能力を認めたんですね」と公益社の吉田武専務（六四）。女性社員の進出は、女性の喪主の間から、細かいケアが行き届くと歓迎されている。特に無宗教葬では、生花祭壇は関係会社の生花部が飾るので、力仕事が少なくなり、女性も仕事をしやすくなったという。

数々の工夫をしている公益社であるが、創業当初から一般の葬儀社と比べ、ユニークな存在であった。一般の葬儀社は個人商店から成長することが多いなか、公益社は一九三二年に最初から株式会社として設立された。現在、多くの地域で公益社という名の葬儀社が多いが、初めて社名にしたのは大阪の公益社であった。

社史の『葬祭五十年』（一九八二年）によると、創業時から、社員は詰襟《つめえり》制帽、現場責任者は背広、特定の人はモーニングコートと、当時としては珍しく制服を定めていた。また「お葬儀は10円から」というコピーでいち早く広告も出している。

葬儀社として初めて株式公開をし、今月にはとうとう東証・大証一部上場を果たしたのである。

（〇一・九・一二　山田）

33　社内閥――趣味で集まる時代は終わった

芸術の秋である。サラリーマンと芸術は無関係ではない。サラリーマンが会社の費用でさまざまな芸術と取り組む同好会というかたちでの文化活動がある。現在の不況でこのような活動はコスト削減の対象となり、次第に切りつめられてきている。

高度成長期には同好会や趣味活動はかなり推奨されていて、さまざまな領域の活動が補助の対象となっていた。特に、宴席の芸につながる小唄や清元などの邦楽はさかんに行われていた。宴会の席で芸者さんの三味線で小唄の一つも歌えれば、それなりに営業の接待に役立つという理由付けもあった。ちょうど現在のカラオケのようなものだが、かなりの訓練が必要で誰でも歌えるというわけではないところに値打ちがあり、ちょっとした特技として扱われていた。

このような芸は趣味と実益が兼ね備えられたもので、同様に接待に用いられるものとして麻雀やゴルフがあるが、これは同好会にはならない。同好会で腕を磨くのではなく、自分で鍛錬する方が普通である。営業に役立つならば、会社の費用補助がでる同好会で練習することが普通であるように思えるが、そうではない。この傾向は、やはり趣味を楽しむことと、営業の一部としての接待芸の訓練とは異なっているということかもしれない。

しかし、趣味でのつきあいはしばしば社内での閥と連動する。社長が常磐津にこり始めると、幹部がこぞってけいこに通うといったことが高度成長期にはあったらしい。

戦前では、密室にこもることができる茶道が好まれた。茶人としても有名な財界人の三井物産の創業者、益田孝（鈍翁）、阪急の小林一三（逸翁）、電力王といわれた松永安左ヱ門（耳庵）などは、密談が目的で茶を始めたのではないとしても、さかんに密談に茶会を利用したとされている。

現在ではゴルフが商談に使われるといわれるが、関係者だけで密談をしようとすると、グリーン上ではそれほど時間を取ることはできない。茶の湯はその点では最適であった。釣りや茶などがすきなものが集まってというと誰も文句はつけられない。閥が目的なのか、趣味が一致した結果として閥が作られるか、それぞれのケースはあるだろうが、趣味閥は高尚に見えて意外に生臭い。同好の士が集まるように見えながらも、社内で気に入った人間だけが集まるのだから、どうしても閥になってくる。

ある組織で、古地図同好会というのが実は強固な人事閥であると聞いたことがある。本当に好きな人はわずかで、後の人は持ってきた地図をほめるだけなのだが、そうすると費用もかからないし、集まる理由としてはもってこいである。

現在の閥はどのような状況なのだろうか。不況になると閥は表面化しない。さらに、これまでは公然と集まるための名目が必要だったのが、情報技術の発達でかなり様子が変わってきた。メールの交換によってたいていの用は済ますことができるし、会合の相談もその中で行うことになる。

密談の理由付けのための趣味という必要以上に、一人で楽しむという趣味が増えていることも変化の一つである。趣味閥という言葉も次第になくなるかもしれない。

（〇一・一〇・三〇　日置）

34　俳句の会――ファーストネームで呼び合うハレの場

葡萄むく佳人すらりと脚を組み　真人

こんな淡いエロチシズム漂う俳句が、電通関西支社の俳句クラブで詠まれている。ちなみに、俳句の中でも、花鳥風月を詠む句に対して、この冒頭句のように、人間について詠む句を、「人《じん》事《じ》句《く》」と呼ぶそうだ。本来、「人事」という言葉の第一義は、まさに「人間に関する事柄」（『広辞苑』）であるので、会社の中での「人事」というのは、そこから派生した狭い意味でしかない。俳句の世界の「人事」の方が、明るくてよさそうである。

電通関西支社では、三八年前（一九六二年）から、「一粒句会」という社内クラブがあり、月に一度の句会と、毎年『一粒句集』という句集冊子を出してきた。そして一九九九年から「こつぶ句会」と名を改めて、新世紀へ新しい歩を進めている。

俳句といえば、全国に趣味とする人は多くても、どこか、老人や主婦のすること、といったイメージがある。現に世間一般の句会や、大きな俳句協会などの平均年齢は、六〇歳代どころか七〇歳以上が普通のようだ。それに比べると、メンバー二〇人程度の「こつぶ句会」は、平均年齢四五歳であり、若い集まりといえる。

この原稿のためにと取材をお願いすると、三〇代から五〇代まで、女性一人を含む五人の詠み人が快く集まって下さった。イギリスの洒落たパブをおもわせる、北新地のバーの個室で、ホロ酔いながら話を聞くことができた。というより、最後は即席の句会になり、「時」という席題が与えられ、小生も巻き込まれた。「どこでも句会」と呼ぶそうだが、日頃の活動の雰囲気がよく感じとれる良い機会となった。

「句会の特徴は？」と聞くと、「仕事時間がケの時とすると、句会はハレの場です。会社の中で、地位や立場の違いに関係なく、ファーストネームで呼び合う平等性は、句会のような場しかありません」と、冒頭句の真人さん。彼は一番若くても、一四年の句歴。五〇代の勇二さんや一美さん、そして成一さんなどになると、三〇年にわたる熟練者である。若く見える眞里江さんもベテランだ。

互いの句を評し合う「合評会」ともなると、「しゃべれなければ商売にならないような」宣伝業界の俳人の集まりである、実ににぎやかとなる。その上、男女、年齢、地位の別を超えて、「さん」付けとはいえ、ファーストネームが飛び交うと、不思議な親密感が湧く。

スキューバ・ダイビングの趣味を持つ一美さんは、「人生をもっと楽しく生きるには、一つのことでも、いろんな見方ができる方がいい」と俳句を始めたそうだ。「俳句を始めてから、どんな時でも、例えば、電車を待つ時でも、ヒマということが無くなった」と言うのは勇二さん。「三六五日、タイクツ、というのが無い」とまで言い切る。

「こつぶ句会」では、春と秋、年二回の「吟行《ぎんこう》」、つまり、作句のための小旅行にも出かける。観光地であったとしても、一般客の行かないような史跡に風情を見い出す、といったひそかな楽しみも容易に想像できる。

席題「時」

時忘れの証しと紫式部咲く　成一
猛り鴟時効となりし武勇伝　一美
にくまれし時平の腹に秋の雷　勇二
つたもみじねじ巻時計ぼんとなり　眞里江

（〇一・一〇・三一　住原）

35 マンガ氾濫――「活字と焼き芋」の冒険を

二七日の土曜日から秋の読書週間が始まった。今年の標語は「夢中！　熱中！　読書中！」だという。

その初日、スーツを着こなし、マンガを開いた三〇歳前後の不動産関係のセールスマンと電車に乗り合わせた。「土曜でも出勤です。お客さまの家庭を訪問するときは、ご主人が家にいないとうまくないんで」という。難しい設計図やモデル写真では納得してもらえない時、自分でイラストを書いて説明することも多いという。

絵やマンガは写真や文章よりも正確に情報を伝える。主張したいことを一見してわかるように表現するからだ。

社会批判にも使われてきた。古くは『鳥獣戯画』などの絵巻物、江戸時代には「瓦版」の挿絵。幕末に横浜居留地でイギリス人のワーグマンが創刊した『ジャパン・パンチ』は「ポンチ絵」と呼ばれる時局風刺画を掲載した。

今のマンガの先駆者は岡本一平。文学者、岡本かの子の夫で、大阪万博の「太陽の塔」で知られる太郎の父。戦前に、文章付きの漫画のスタイルを「漫画漫文」とたたえ、風俗世相マンガや長編のストーリー漫画を描いた。

「マンガだと苦労なく読めますからね。経済や経営の知識もマンガで勉強しましたし、『美味しんぼ』などはグルメ情報も教えてくれる。駅の売店で雑誌は早く手に入るので週に三冊は買いますよ」と先のセールスマン。

風刺、少年少女マンガ、劇画以外のマニュアル・マンガも着実に広まっている。

「でも、細かなことは設計図やコンセプトを丁寧に説明しないと納得してもらえません。絵では価格や立地・環境の細かな情報は伝えられませんからね。邪道かもしれませんが、今の自分の勉強はコンピューターのアンチョコ本を見てからマニュアルを検索するようなもの。体系的な知識が欲しいんですが他に忙しくて。読書は暇もないし疲れて面倒。ついつい場当たり的になって」

と正直なところを語ってくれた。

一冊の本を読み終えるには短い小説でも数日はかかる。携帯電話やテレビゲームも若い世代の本離れを加速。出版科学研究所によると、ここ数年は年間出版数が八億冊を下回っているという。安価な娯楽が増えたのか、不況の影響をあまり受けなかった出版業界も最近は苦しんでいる。

年配のサラリーマンが安定した生活を続けて来られたのは社会全体に知識が行き渡り、創造や改善の営みが不断に行われる環境の中で会社が発展していたから。その基礎のところが今危うい。マンガだけの氾濫を傍観してはいられない。

某有名国立大学の経済学部の学生で分数計算ができない者がいる時代。小・中・高等学校でも知識力低下が恐ろしいほど急激に進んでいる。物事への感覚的なとらえ方を演繹《えんえき》的・論理的な発想へ転換することがますます難しくなっている。

マンガも原作者、作画者、アシスタントなどの高度な分業と協業でつくられる。創作には社会や自然に対する深い知識が要求される。手塚治虫の描く人物の躍動感は体系的な解剖学の基礎知識の上にあるともいう。

読書は推論の基礎を育む。秋が深くなる季節、マンガとハンバーガー、それにインターネットという生活を離れ、無音の空間での「活字と焼き芋」という冒険を若者に望みたい。


（敬称略）

（〇一・一一・一　廣山）

36　読書の秋――書物からの刺激で食指が動く

活字離れがすすんでいるという。活字が氾濫しすぎて、活字に飢えることがなくなったことも、その一因と考えられている。

会社やサラリーマンに関する書物も溢れかえっている。その最たるジャンルは経済・経営の情報誌、ビジネス書、サラリーマン小説、そして企業小説ともよばれる経済小説であろう。それがどのように読まれているのか、「会社じんるい学」にとってはもっとも関心のあるところだ。だが、そのような調査はまだ本格的になされたためしがない。

そこで、情報誌はさておき、ビジネス書や経済小説が「会社じんるい学」にとってどのように面白いのかをさぐってみたい。そのための手引きは手元にある二つの書物だ。

一つはビジネス書を俎上にのせた『悲しきネクタイ』（一九九六年）。もうひとつはそのものずばりの『経済小説がおもしろい』（二〇〇一年）である。

前者は構造主義で有名なフランスの人類学者、レヴィ＝ストロースのブラジル先住民社会の文化と未来を論じた名著『悲しき熱帯』のもじりである。筆者は植木不等式で、これまたコメディアンの植木等をパロディー化している。

副題だけは「企業環境における会社員の生態学的および動物行動学的研究」と一見もっともらしい。だが、その生態学は「男は妥協」とか「ソファーの世界」という駄洒落につらぬかれている。動物行動学のほうもいかがわしく、「もしも私にソロモンの指輪（そいつをはめれば動物と話ができるというアイテムだ）があれば、ケニアのハイエナたちに『一所懸命』の意義について尋ねてみたい」といった調子である。

ビジネス書の出番は、あやしい生態学とうさんくさい動物行動学との連結部分だ。ＰＨＰ研究所や日本能率協会が編集した本から、気の利いたさわりが引用され、きまじめな解説がつく。それが効果的にユーモアを引き立たせている。

こうして「男は妥協」の生態学からは、会社員が偉くなるには「会社に尽くす」か「会社を食い尽くす」しかないことを知り、ハイエナの行動学からは成功する社員の秘訣を学ぶ。

他方、『経済小説がおもしろい』のほうはジャーナリストの斎藤貴男の手になるもので、「日本の未来を解く30冊」という副題がついている。そこではパロディーとはおよそ無縁の、正義感に溢れた気骨ある論評がくりひろげられている。その構成もおおむね三部に分かれ、経済小説の粗筋やさわりが真ん中部分に挿入されている。

とりあげられた作家の大半はまさに小説の現場に身をおいた経験をもっている。『架空取引』の高任和夫は三井物産、『悪党志願』の渡辺一雄は大丸での勤務が物を言っている。

バンカース・トラスト銀行に勤め『日本国債』を出した幸田真音、米国の投資銀行で活躍し『メイク・マネー』でトレーダーの世界を描いた末長徹と著者との対談にも迫力がある。想像力と構想力に満ちた良質の〝インサイダー・レポート〟には、人類学者のフィールドワーク顔負けの描写と分析がなされているにちがいない。そんな期待をいだかせるガイドブックだ。

飽食ぎみの活字文化のなかにあっても、こうした書物からの刺激で食指が動くこともある。そ

のことを、未来のフィールドワーカーは計算にいれておかねばなるまい。（敬称略）

（〇一・一一・二　中牧）

37　社会人バンド――あの頃の自分を忘れずに

「泉州たまねぎファイターズ」。名前を聞くだけで何となく匂ってきそうなバンドがある。現在の平均年齢は四〇歳代後半、結成以来、実に二〇年以上継続している「老舗」社会人バンドである。途中でメンバーの増減はあったものの、六人のコアメンバーは大学以来今も変わっていない。現在でも週に一度は大阪のスタジオで練習を続けている。

結成以来多くのライブやコンテストに参加し、一九八二年にはコカコーラ・フレッシュ・サウンド・コンテスト全国大会でグランプリ優勝。コカコーラのラジオCMソングを担当したり、ライブハウス・コットン一〇〇パーセントが作成したオムニバスLPに参加したり、ローランド・ニューエージ・コンテスト関西決勝大会でグランプリを獲得したり。八〇年代には社会人バンド界のスターであった。当時の新聞には「泥臭さがいい」と評価された。

「今思えばあの時期は有頂天でしたね。二位しかとれないと怒っていました。みんな天狗状態だった」と当時を懐かしむのは、〝ギターのキヨさん〟こと帝塚山大学国際交流課長（二〇〇一年当時）、清川欣信《よしのぶ》さん（四七）である。清川さんには中学時代ローリングストーンズとの出会い以来、四半世紀以上のロック歴がある。

「最初に聴いたときの衝撃は今も忘れません。中学時代は少ない小遣いのすべてをレコードや音楽雑誌につぎ込んでいました。高校時代にギターを弾き始め、大学では仲間とバンドを組んでいました」。一九七九年に大学時代の仲間を中心に「泉州たまねぎファイターズ」を結成した。メンバーの住居は関西中に散らばっており、仕事も教員、自営業、サラリーマンなどさまざまではあったが、最初は週二回の練習をこなした。「どんなに仕事がきつくても練習には不思議と全員が集まっていましたね。趣味というよりそれ自体が生活でした。とにかく音楽が大好きだっ

き合いも深まった。

たから」と清川さん。それでもメンバーの結婚や子どもの誕生、仕事の責任などで次第に練習に集まることが困難になり、現在の週一回のペースに落ち着いた。この年月の間に家族ぐるみの付き合いも深まった。

今や職場の要職に就く年代となったメンバーたちも、毎週の練習には何とか時間をやりくりして集まり、ライブの前には休日も返上で猛練習するという。昨年の二月には大阪ミナミのビッグ・キャットで二〇周年記念ライブが行われ、メンバーと同じ年月を重ねてきた長年のファンたちの前に、円熟味を増した彼らのサウンドが存分に披露された。

「音楽的なぶつかり合いはしょっちゅう。でも決定的な決裂はしません。どんな人間か互いにわかっていますよ。何しろ女房より古い付き合いですから。長く続いた理由は、たぶん、ロックに出会ったころの新鮮さや六〇年代のウッドストック、七〇年代のベトナム戦争の記憶が今も生きていて、そのころの自分を失いたくないという気持ちが強いからじゃないかな」。いつもは穏やかな清川「課長」の瞳が、その時一瞬激しくきらめいたような気がした。

組織の中で時に歯車となり、気がつけば消え入りそうな自分を、ある人は懸命に守り、ある人は取り戻そうと戦い、またある人はいとおしむ。そのスタンスはさまざまだ。

〝アポロの窓からベトナムが見えたかい……〟。二枚目のCD『SENTAMA TWO』に収録された「アポロ」（作詞・今井克己／作曲・清川欣信）という曲は清川さんの自信作である。

（〇一・一一・三　三井）

食文化

38　公園食――脱「社員食堂」で増えるコンビニ派

大手の製薬会社から中小の薬品関連企業までの大小のビルが立ち並ぶ道修町は日本薬品業の一大中心地。国内製薬のトップ企業でゲノム研究でも業界をリードする武田薬品工業の本社もここにある。多国籍企業の同社は先月下旬にドイツとフランスで勃起不全治療薬イクセンスを発売。「世界の人々の健康と健やかな生活に言献する」という経営理念の下、新たな需要に応じる商品開発を積極的に進めている。

薬を扱い人の命をあずかる。信用が最も大切だ。一方でより良い新薬も求められる。安全と研究開発が至上命令の医薬品業界では伝統と進取が共存している。

医薬品業界で働くサラリーマンやＯＬの活力のもとは食事。日生今橋ビルの横、公開空地のベンチでコンビニの袋を持っていた二〇代半ばの男女グループに聞いた。「うちには社員食堂はないし、お店は混んでるし。オニギリと飲み物を買って外で食べます。会社の給食弁当だと部屋食になって仕事の延長みたい。食事くらいはと思って五分ほど歩いてよく来ます」と事務服姿のＯＬ。スーツ姿の男性は「毎日とはいきませんが、外で気軽に同期の人たちと話できるのが嬉しい」。

別の女性は「食堂だと周りに大食いと思われるから」と言ってカツ丼弁当を開いた。

道修町に飲食店がないわけではない。ビルの一階や地階、裏通りに面した店にはバラエティーに富んだメニューがある。和洋中各種、予算も四〇〇円くらいから数千円までと幅広い。

「でも食べてると追い立てられるような気がして。餌を食べてるような感じ」と、新入社員風のＯＬ。

一五年ほど前まで昼食は社外の食堂で、食後は始業まで喫茶店というサラリーマンが多かった。当時の社員食

堂は薄暗くて狭かった。

今、大企業の社員食堂は眺望のよいビルの上層。高級ホテルのレストラン並の設備を備える。プリペイド・カードを利用し、会社の補助もあって安く食事ができる。そんな大企業に勤めるサラリーマンの中にもコンビニ派がいるという。

若いサラリーマンは夜更かしだ。テレビの深夜ニュース、スポーツニュースを見終わるころに深夜映画の放送が始まる。ＴＶゲームやインターネットも面白い。朝が辛く、朝食は簡単か省略。

一方で夕食のスタイルも大きく変化している。

デパート、スーパー、コンビニなどで総菜や弁当を買い自宅で食べることを指す「中食《なかしょく》」とい

う新語もできた。「外食」と、家で調理して食べる「内食」の中間という意味だ。好きなものだけを摂り、高脂肪、高塩分、高糖質に偏りがちな環境である。薬にかかわる道修町に働くサラリーマンもこの波に乗っている。

武田薬品工業は一九五〇年に日本で最初の総合ビタミン剤パンビタンを発表、栄養状況改善のために炊飯へのビタミン添加剤も発売した。今の主力商品は前立腺癌、潰瘍、高コレステロール、糖尿病などの薬だという。会社としては従業員の健康管理を重視し、コンプライアンス・プログラム（武田薬品企業行動憲章）にもその点の配慮が記されている。社員食堂の設置もその一環だ。

健やかな生活には適度の睡眠と食事が大切。「公園食」が自分の時間を大切にした昼食の形ならば、栄養のバランスも考え、「医者の不養生」と言われないようにしたいものだ。

（〇一・七・五　廣山）

39　単身赴任の食事──栄養と味を考えた中食のすすめ

食欲の秋である。今週は食文化を取り上げる。

サラリーマンの食はさまざまだが、単身赴任の食事がしばしば問題とされている。確かに、偏りがおきやすいし、不健康のきっかけになる。ところが、実際にはサラリーマンのほとんどが朝食はパンを中心として簡単にすませ、昼食は外食という食生活で、単身赴任者の場合、とくに問題になるのは夕食ということになる。

長めの出張などでも経験することだが、夕食を安くあげることは意外に難しい。自分で作る場合には問題ないのだが、それでも、買ってきた食材を全部使い切ることはかなりの料理経験がなければできない。一人分の料理では一つの材料で三種類以上の料理ができなければ使い切れない材料が結構ある。また、不規則につきあいが入り、夕食を作るかどうかはその日になってみなければわからないということになると、どうしても無駄がでる。

それに、食器や冷蔵庫、調理器具などを買いそろえなければならないというと自分で作る場合でもかなりの装備が必要となる。いきおい外食を中心ということになるが、外食での夕食で定食を用意している店はほとんどない。一品で頼んで、ビールを飲み始めると財布のひもがだんだんゆるんでくる。そうなると一本が二本になり、三〇〇〇円程度ですませることは難しくなってくる。一日の食費が三食で五〇〇〇円以上かかっていたのではたまらない。単身赴任の最初のひと月で食費を計算して青くなったという話を聞いたことがある。

もっともこれは以前の話で、最近はコンビニ弁当の普及で解決したと思っていた。二四時間いつでも買えて、それなりに材料のバランスは取れている。弁当につまみを買い足せば十分に満足できる。外食と自炊の中間の中食という形態が普及したことで問題はなくなったと思っていた。それを確認するために、コンビニで弁当の種類と中身を確かめ、ついでに一つ買って食べてみた。が、あまりのまずさに唖然としてしまった。いや、正確にはまずいのではない。口に入れた瞬間はそこそこにおいしい。けれどもあと口に残る調味料のえぐみにへきえきしてしまう。この値段で、しかも、保存を考えなければならないために調味料などが入るのは仕方ないのだろう。が、化学調味料、特に核酸系の調味料や添加物がえぐみを出す。これを毎日食べて舌がならされると、味覚が荒れてしまい、強烈な味しかわからなくなる。

解決策の一つは、自分で作ったスープストックを常備することである。鶏ガラを二羽分ぐらい、鍋で二時間も煮れば十分なスープがとれる。最初に丁寧にあくをすくっておけば失敗なく作れる。濃いめのスープにして味は付けない。製氷室で凍らせてアイスキューブにして保存すれば長くもつ。

これでスープはもちろん、煮物のだしに使ったり、雑炊にいれれば味覚を荒らすことはない。極めつけは、このスープを入れて作ったカップラーメンである。お湯を沸かす時に一個か二個のアイスキューブを入れておく。それだけで全く違った味になり、調味料のえぐみは消えてしまう。最低限の自炊なのだが、それでも効果は抜群である。単身赴任のために覚えておいて損はない。

（〇一・一一・六　日置）

40　外国人との食事――ヨコメシは口も「しんどい」

「今晩もヨコメシになりますが、すみませんね」と少し申しわけなさそうに、電話で話しているのは、ニューヨークの日系企業の日本人駐在員である。

「ヨコメシ」という造語が出てきてどれくらいになるだろう。まだれっきとした辞典には見つからないが、すでに広く人口に膾炙《かいしゃ》され、すっかり定着して久しい。ある商社などでは、『ヨコメシガイドブック』なる小冊子まで出して、外国人を接待したり、商談するのに適当なレストランなどを紹介している。

「ヨコメシ」の意味は簡単に想像できる。「ヨコ」というのは、ヨコ文字という古くから使われているヨコと同じで、西洋を表し、「メシ」はそのまま料理、食事の意味だろう。だから西洋料理一般ということになるが、トンカツなど、すっかり日本食化した料理は、ヨコメシなどとは呼ばない。

しかし、日本人サラリーマンがヨコメシというときの、もっと重要なニュアンスは、単に西洋料理を食べるという行為ではなく、欧米人と一緒に、慣れない外国語（多くが英語）を使いながら洋食を食べなければならない、という「しんどさ」である。冒頭の発言も、それを示している。「お腹も口もしんどい」ということである。

かなり英語には達者な商社マンですらロンドンに滞在中、「ローストビーフをワインで流し込みながら、格調高い英語で面倒な政治や経済の話をするのは気が滅入《めい》るな、といった感じですよ」と言っている。一方、「今日は和食（タテメシ）で、日本から来たお客さんを相手に日本語で気楽に話せるのが楽しみ」という思いも容易に想像できる。

かつて、「英語でけんかができるようになれば一人前だ」などという、俗説がまかり通ってきたが、それよりむしろ、「ヨコメシが楽しめるようになれば一人前」と言った方がいいのではないだろうか。

アメリカ人やイギリス人のビジネスマンに、「ヨコメシ」という用語を伝えて、それに類する英語が俗語としてあるのかどうか、聞いたことがある。答は、そのような用語はない、ということだった。彼らにしてみれば、母国語であり馴染みやすい料理なのだから、日本人のようなハンディはなくて当然だ。

しかし、よく調べてみると、そういう側面だけの問題ではなさそうだ。それは、食事の時の文化的伝統も関係している。特にアメリカ人などは、食事中は話すことこそマナーであり、沈黙していることなど不自然であると考えている。

これを例証する実験がある。日本にも住んだことがある、アメリカ人の心理学者は、ニューヨークに帰ったとき、二〇歳代から五〇歳代まで一〇人ほどの、アメリカ人女性グループに、「これから食事中の約一時間あまり、話すことを禁止してみましょう」と提案したところ、「そんなことできないわ。目が合っているのに無視することなんてできないわ」と皆、首を横に振っていた。

ところがである。強制されて、全く沈黙を守って食事を終了したメンバーの中から、「こんなに落ち着いて食事ができるなんて思わなかったわ」という意外な反応があった。食事中は会話に参加するという、大げさに言えば、一つの強迫観念が、すっかりマナーとして身についていたと考えられる。

（〇一・一一・七　住原）

41　朝食――しっかり腹ごしらえしたいけれど

朝夕、めっきり冷えてきた。旨《うま》い料理と酒が恋しい季節だ。落ちついて食事をとると寿命が伸びるといわれる。咀嚼《そしゃく》の回数を増やしたり、一日に三〇品目以上の素材を口にしようと努力している人も多い。

大手商社に勤めるという二〇歳代後半の美人ＯＬが、ホームの売店で栄養食品と缶飲料を買っていた。「朝、家で食事をする時間はないし、何か口にしないと不安なので。パンでもいいんだけど、格好悪いし。これ、宇宙食みたいでしょう」とクッキーを見せてくれた。

厚生労働省は昨年(二〇〇〇年)から「健康日本21」(二一世紀における国民健康づくり運動)をスタートさせている。その目標の一つに「朝食の欠食率の減少」がある。男女をとわず働き盛りの人たちが朝の食事をとっていない現実に対応するためだ。

実際、大塚製薬が昨年末に全国の事業所で実施した「食生活・栄養意識に関するアンケート」では愕然《がくぜん》とする結果がでている(二〇〇一年八月の速報)。ほぼ毎日朝食を食べると答えた人が約七割。しかし二〇代以下の男性の三割が「ほとんど食べない」と回答。一人暮らしの男性では年代を問わず三割が、女性では四人に一人がいつも朝食を抜いている。若い世代ほど朝食にかける時間も短い。二〇代男性で平均一一分、女性で一四分だ。

「ゆっくり朝食をとった方がいいのはわかってますよ。でも通勤は一時間以上。朝の時間が大切。夜はケータイ。気の合う友達と話さないと生きている気がしない。どうしても就寝は朝方。結局、食事時間を節約することに」

かつて流行《はや》った「朝シャン」も今ではすっかり定着。男性でも朝にシャワーを使う。一人暮らしだと、朝食をつくる準備時間も必要。起きて家をでるまで一時間以上かかる。全てこなすには始業の二時間半前に起きる必要がある。調理や食事が楽しみな人は時間を工面するが、普通の人には無理な話だ。

「実家の母に電話をする度に、『栄養のバランスだけは考えな』といわれるんです。ホントは自分でも心配」と美人OL。先の調査でも一日の食事のバランスがとれていると答えたのは二〇代以下の男性で一割強、女性でも二割強。逆に、気にしないと答えた人は若い男性で二割もいる。

一日の始まりの朝食。ノスタルジーかもしれないが、干物か卵、味噌汁、あったかいご飯、海苔《の り》という和風の基本スタイルや、卵、ハム・ベーコン、野菜、牛乳、フルーツ、シリアルかパンという洋風スタイルの食事が活力を与える。中国風ならば粥《かゆ》か麺《めん》。どれも今のサラリーマンには重い食事かも。

でも、出張などで外に出た時の旅館やホテルでの食事はこのスタイル。朝の喫茶店でのモーニングサービスもこの形を踏襲している。

今、本来の和食が世界中で見直されている。パンと牛乳が新しいスタイルだといわれ、それを新鮮に感じたのは四〇年前。かつて流行ったブランチは週日の寝不足を解消するため休日の食事が朝昼兼用になったことの合言葉だった。

生活習慣病、なかでも糖尿病を恐れるサラリーマンが多い。カロリー過多だけに関心がゆく。予防には過食を防ぐ規則正しい食事と栄養バランスが大切。大人だけでなく子どもも学生も伝統的知恵を生かし、しっかりと腹ごしらえして一日に臨もう。


（〇一・一一・八　廣山）

42　家庭の食卓――会社に住んで「ねぐら」に通う

大学時代の親友を赴任先のロサンゼルスにたずね、自宅で夕食をご馳走《ちそう》になったことがある。

八〇年代の初頭で、頃は八月だった。そのとき、週日に家族そろって夕食をとったのはその年初めてのことだと聞いて、びっくりした。商社勤めで仕事と接待に明け暮れる毎日をおくっていたとはいえ、一日ですら家族との団欒《だんらん》を楽しむ余裕もなかったとは。

日本におけるサラリーマン家庭の夕食風景がアメリカでもつづいていたことは、正直いって予想外だった。しかも、子どもはかわいいまっさかり。ましてや家庭での夕食を大切にするアメリカである。

経済が成長をつづけていた頃の日本では、サラリーマンは「会社に住んで家庭に通っている」とまでいわれ、マイホームは「ねぐら」か「物置」ぐらいにあつかわれていた。和製英語のベッド・タウンはその一例である。もちろん、これは極端な物言いであるが、残業手当と接待費に裏打ちされたサラリーマンの夜の活動はもっぱら会社や盛り場を舞台に展開していた。「社用族」というなつかしい用語もあった。そして、おろそかにされていたのは家庭である。

父親不在の食卓を揶揄して「うちは母子家庭だ」という主婦の口癖を耳にしたこともある。しかも、子どもたちが大きくなると、塾や部活などで夕食の時間帯がバラバラになる。いきおい一家団欒の夕食は週末などに限られてくる。

では、いったい日本の家庭では一家団欒をどう考えてきたのだろうか。その手がかりとなる貴重で奇特な研究が存在する。以下は、甲南女子大学の井上忠司教授（六二）が解明した食卓の変遷の要約である。

一家団欒なる複合語がつくられ、あたらしい家庭のありかたとして賛美されはじめたのは、明治三〇年代である。その主役は「ちゃぶ台」だった。それは、銘々膳とか箱膳とよばれる、一人ひとりの食卓にかわるものだった。ちゃぶ台の登場によって食事の風景も一変した。

銘々膳の時代には、上座の家長以下、すわる場所にきちんと序列があった。給仕は主婦の役目で、御飯はまず神仏にお供えし、それから序列にしたがってよそい、自分を最後にまわした。また食事はだまって食べるもので、おしゃべりは行儀の悪いこととされていた。

他方、茶の間でちゃぶ台をかこむ食事は、家父長的な家制度にしばられない、民主的な家庭のあかしとみなされた。実際、ちゃぶ台は大正から昭和の初期にかけて、都市のサラリーマン家庭に普及していった。だが、実態は家族団欒にはほどとおく、すわる場所は序列化し、無駄口は戒められることが多かった。

そのちゃぶ台を駆逐したのは、椅子式テーブルである。昭和三〇年代から普及しはじめ、一家団欒の中心的装置となるはずであった。ところが、父親は折からの経済成長で「会社人間」を余儀なくされ、くわえて団欒の会話もテレビにお株をうばわれる始末であった――と。

井上教授の調査の後、不況とリストラの波が押し寄せてきた。それは家庭の食卓にも微妙な影を落としているにちがいない。残業の減った夫の早い帰宅を複雑な思いで迎える主婦も少なくないはずである。

ともあれ、家庭は「ある」ものではなく「つくる」ものである。そのことを不在がちな父親は特に心にとめておかねばなるまい。

（〇一・一一・九　中牧）

43　ＯＬの昼休み――食べて洗って歯を磨く

正午五分過ぎのオフィス街、お揃いのユニホームに小さなポーチを携えたＯＬ達が、色づき始めた街路樹の下を足早に通り過ぎる。「平日半額」のハンバーガーショップへ一目散のおじさんサラリーマンをしり目に、目指すは安くておいしいランチの店だ。

インターネットのアンケート調査（二〇〇一年）によれば、全国の二〇代独身男女三〇〇人のうち四四・四パーセントは外食派。最近流行りの低価格ランチや定食屋の前には長蛇の列ができるという。一時間の昼休み時間中に安くて美味しい昼食をゲットするのもなかなか厳しい競争なのである。「だいたい外食は六〇〇円ぐらいから千円かな。それ以上はかけません」と、大阪のＯＬ、坂本さんは言う。そこで安上がりのテイクアウトの惣菜や、手作り弁当の出番となる。

「会社内で用意してくれた二カ所の会議室があって、そこに行って友達と話をしながらお弁当を食べます。自分で作ることもあれば、母が作ってくれることもあります。入社当初は同期の人と食べていましたが、最近は会議室に行きそこに居合わせた人なら誰とでも話しながら食べますね」と話してくれたのは、坂本さんと同僚の斎藤さん。気楽な仲間とあたりさわりのない話をすることが仕事上の気分転換になるという。どうしても仲間に話してすっきりしたいという時以外は、あまり仕事の話はせず、ごく軽い世間話程度かテレビを観てリラックスしていることが多いという。

この会議室は女性にだけ開放されており、男性はお弁当を持ってくる人もテイクアウト派も、ひとりで黙々と自分の机で食べている人が多いのだそうだ。「特に男性と女性の仲が悪いというわけではないけれど、何となくそうなっていますね。私達も女性だけのほうが何となく気楽です」と先の坂本さんが語る。二人の友人の藤原さんは、入社当時を思い出して「いつのまにか食べる部屋が決まり、スペースが決まると、そこで決まった人と話すようになっていました」と話してくれた。

彼女達の話を聞いていて「居心地のよい場所」という言葉が浮かんできた。会社の中で人は、自然のうちに自分にとって居心地のよい場所を見つけ、それが次第に「会社の居心地のよさ」になっていくのかもしれない。聞けば、この会社は非常に穏やかな職場で、女性の定着率もよく、結婚後も働きつづける女性が多いという。

ゆったりと終始にこやかに話す彼女達が、最後に面白い話を聞かせてくれた。「昼休みは午後零時から一時までなのですが、だいたいきまって零時四〇分ごろになると誰かが立ち上がって自分のお弁当箱を洗い始めます。ひとりが終わるのを待ってまたひとり、またひとりと順番に洗いに行き、終わった順に今度は歯磨きに洗面所へ向かいます。そして、一時までには全員が歯磨きを終えて職場に戻っていくのです」。

こうして穏やかに、そして規則正しく彼女達の昼休みは終わる。入社当初は特に意識しなかった人たちも、気がつけば自然にこのサイクルにはまっているという。全国でこの時間にいったいどれくらいの数のＯＬが同じような行動をとっているのだろう。これもまた「会社人間」のスタイルを身に付けるということなのか。会社とは実に面白いところである。

（〇一・一一・一〇　三井）

会社の掟

44　会社の掟——歯磨き用具の置き場所にも序列

会社の中にはさまざまなルールがあり、タブーがある。文章として明確にされている規則だけではなく、書かれていない掟《おきて》が生きている。

掟があることを知らなくても、それが致命傷となって、会社にいたたまれないということも少なくない。理由があっての掟ならば知らないことは許されないかもしれないが、多くの場合は、理由がないまま、上の人の好みや都合で方向付けられたものだ。

「これはこのようになっていなければならない」という思いこみが発端だが、その思いこみをみんなが持っている場合はマナーや規則になる。

例えば、酒の席で盃のやりとりを受けるだけで返さない、さされた酒を飲まないのはマナー違反である。さしつさされつは儀礼的交換であり、それをあえてしないのは交換を拒否していることになる。「俺の酒は飲めないのか」となる。また、カラオケで人の持ち歌を先に歌わないというのもマナーの問題だ。つきあいを円滑にするため、互いに気持ちよく楽しむための合意がマナーを作り出す。

ところが、ボーナスをもらう時に、社長に感謝の言葉を捧げなければならないというのはマナーではない。その社長の個人的趣味による掟である。掟に逆らったらどうなるのか。もし、その掟に逆らってボーナスが渡されなかったり、減額されたりすると明らかな労働基準法違反である。そもそもそのような掟を持つこと自体の見識が問題になる。

ＯＬ世界の中でもこのような掟はけっこう多い。今、食事後に歯磨きをするのは若い女性の常識であるようだ。けれども、口に入れてはき出すというふるまいなので、その取り扱いは注意を要する。

他人が食事をしているそばで歯を磨くというのは言語道断だが、中には酒席で歯磨きを始めた新入社員がいたという話を聞いたことがある。マンガのエピソードにも取り上げられていたから、そんな若者はけっこういるのかもしれない。

ところで、会社の中で歯磨きができる場所は手洗いぐらいだから、ＯＬはその中で互いに歯を磨く姿を見合うことになる。そこで磨き方にもチェックが入る。この歯磨きの用具一式は手洗いに置かれるのだが、その置き場所に序列があるという。歯磨きを想定して洗面所が設計されているわけではないので、狭い場所に置かなければならない。当然いい場所は古参のお局《つぼね》が占領する。

ある時、手洗いが改装されて、それまでの置き場所がキャンセルになった。そのときに、新参のOLがお局の指定席に自分の歯磨きセットをおいた。怒ったお局はその歯磨きセットをゴミ箱に投げ込んでしまった。

新参社員は課長に泣きついたのだそうだが、課長は女性の手洗いになど入ったことがないから、置き場所に掟があることは理解できない。「私物を捨てた」ことに対して、お局をしかり、新参社員の勝ちになり、掟は解消した。お局は結局退職したという。

掟でしばり、統制する。それに対して、掟破りで対抗する。OLに限らず、会社の中での力関係に、掟は重要な役割を持っている。

（〇一・一一・二〇　日置）

45　髪の毛――サラリーマンの必須アイテム？

「髪の毛は、最後の一本でも残さなければならない」とは、日本の会社の某営業マンの切ない胸のうちである。サラリーマンにとって背広は職業上の必須のアイテムだが、ヘアスタイルもそれに連動することが暗黙のうちに求められている。新しい世紀を迎えた今でも、髪は七三分けが主流であり、せいぜいオールバックが許容される程度である。背広や靴なら、サラリーマンのコードに自由に合わすことができるが、髪の毛だけはそういうわけにはいかないことがある。

「営業で一般の消費者に会う場合でも、丸刈りでは、最初の印象からしてダメなのです」とは、先ほどの一本の髪にもこだわる御仁《ごじん》である。また、ある別の髪の薄くなった営業マンの経験では、頭髪の豊かな上司と商売相手先を回った時、「たとえ名刺を出していても、私の方が上司だと勘違いされて、さかんに私の方にばかり話しかけてこられて、後で上司は不機嫌でした」とか。

銀行などの業種では、ヘアスタイルのコードはいっそう厳しく、薄くなったからといって丸刈りなど絶対に許してもらえない。

だから、数えるほどしか残っていない髪の毛で、頭の端から端まで何とか橋を架けている姿を揶揄《やゆ》してはいけない。「いっそのこと丸刈りにしちゃえばいいのに」と若い女子社員に陰口をたたかれながらも、職業上の掟を懸命に守ろうとする男らしい姿なのだ。

「以前は、はっきりと薄くなった人が、(髪の毛の)ケアに来られることが主流でしたが、今では、そういう兆候が現れる前に来られています」と言うのはアデランスの広報部の岡野里香さんである。アデランスが一九八二年(昭和五七年)から毎年残している統計データを見せていただいた。

一九八五年くらいまでは、男性の顧客の中心は、三〇代から四〇代にかけてであった。それが、バブル経済以降、二〇代の若者が増加して、今では顧客全体の六割をこの世代だけで占めるようになっている。ちなみに二番は三〇代で二割程度である。

若者は、毛が薄くなる前に、という以上に、一つのファッションとして、「清潔に」「きれいに」という、昔は女性が主に意識したポイントを重視してきている。「同じ仕事ができるなら、見かけがいいのがいい、という声が聞かれます」と岡野さん。長髪が何かの主張であったような時代は、遠い昔のことのようだ。

逆に、キャリアウーマンが男性的な脱毛症に悩むケースも増加しているようだ。もともとは男性が占めていた管理職に、総合職として女性が入るようになり、ストレスなどでホルモンのバランスが崩れたのか、本来は男性ホルモンによって起る「頭のてっぺん付近の脱毛」が出てきているという。精神科医の「たまには着物を着て、お茶やお花などされてみては」というアドバイスを実行して治療している女性もいるようだ。

アデランスには、「薄毛世界マップ」なる統計もある。英米仏のほか、日本、香港、台湾など計一二カ国の「薄毛率」を割り出している。欧米諸国は四〇パーセント程度が薄毛傾向にあるのに比べ、アジアは日本も含めて二三パーセント前後である。肉食の多少が影響しているかもしれないという分析がある。実際、日本でも二〇年前の薄毛人口は、六二〇万人程度であったものが、肉を食べる機会も増えた現在は、一一〇〇万人以上まで増加しているのだ。

（〇一・一一・二一　住原）

46　マニュアル——共通言語による画一サービス

ファミリーレストランに入ると「イラッシャイマセ、コンニチワ！」という元気な声が返ってくる。注文が済むと「ゴチュウモンヲクリカエシマス。エビフライ……」。料理が出ると「エビフライニナリマス」（三分間待つとエビフライになるのだろうか？）。それから、「ハンバーグノホウ、オモチシマシタ。コレデヨロシカッタデショウカ？」（そういわれると何となく間違ったような気がしてくる)。レジで五〇〇〇円札を出すと「五〇〇〇〇円カラ、オアズカリシマス」。何とも不思議な言語である。しかも、チェーンの別を問わず、全国一律でもある。

ファミレスは、一九八〇年代に入る頃登場し、セントラル・キッチンによる均一な味と品揃《ぞろ》え、何より手頃な価格設定で全国に普及した。若い頃、夜九時まで授業をすると、屋台のラーメン屋か赤提灯《ちょうちん》くらいしか食事をするところがなくて、ファミレスの登場は「希望の星」であった。その後、九三年から九八年まで、英国で暮らしたが、この間、ファミレスの発展は著しく、量的発展に伴い、マニュアルの整備など、質的変化も顕著であった。

接客「マニュアル」は、ファミレスばかりではなく、スーパーやコンビニでも利用される「会社の掟」である。これが整備されれば、人の取り替えが自由になり、アルバイト・パートを活用して人件費を節約できる。小冊子を配布して、覚えさせるところもあるが、多くのファミレスで「マニュアル」は「部外秘」であり、持ち出し禁止だそうだ。それにしては、どのチェーンの「マニュアル」も、似ているように思う。

二〇世紀初頭のアメリカでは、極端に熟練労働者不足で、「標準化」の実現が急務となった。部品や作業を細かく分解し、素人でも、単純作業を「マニュアル」に従って反復するだけで、相当に複雑な製品、例えば自動車が、ベルト・コンベヤーに作業速度を管理されて、計画的に完成するようなシステムを創り出した。フォード・システムの登場である。この、均一な製品を安価に作るシステムをフルに利用することによって、アメリカはその後の産業社会をリードする。

八〇年代の日本の台頭は、現場作業員のコツやカンを大切にして、自由な発想から創意工夫を引き出し、カイゼンに結び付けたことによるといわれている。だから、あまり「マニュアル」は使わない。ちょうど、その時代に、ファミレスを代表とするサービス産業で「マニュアル」が普及するという反対の動きが生じたのは皮肉である。

英国を始めヨーロッパにはファミレスは少ない。また、ファミレス的な店も含めてフル・サービスのレストランでは、店員達が親しげに話し掛けてくる。もちろん多くの国でチップというシステムがあり、楽しく食事ができるかどうかにこの額がかかるのだから、彼らも必死である。プロ意識があるから注文を暗誦《あんしょう》し、たいていメモもとらない。

学生Aさんがアルバイトする回転ずし店では、最近店長を中心にみんなで接客について話し合ったそうである。誠意を持って接すれば、自由に言葉を選んで良いということになり、とりあえず「過去形」はみっともないから止めようということだけ確認したそうだ。自分の頭で考え、自分の言葉を使わなければ、進歩はない。明日は、九時に授業を終えたら、回転ずしをつまみに行こう。

（〇一・一一・二一　澤野）

47　ヒゲ——会社組織では少数派だけど……

国立民族学博物館（民博）には八人ほどのヒゲ面の人類学者がいる。数字が正確でないのは、気まぐれにヒゲをのばす御仁《ごじん》がいるためである。研究部のスタッフが七〇人強で、女性が一四人にのぼるから、七人に一人の男性研究者がヒゲをたくわえている勘定になる。何を隠そう、わたしもその一人だ。

人類学者のヒゲはフィールドと関係が深い。現地に溶け込んで調査に従事することから、ヒゲを生やしはじめた人が多い。中東やラテンアメリカの研究者にヒゲ面が多いのはそのせいである。わたしの場合もブラジル調査がきっかけとなっている。

しかし、民博でも事務官や技官になると、ヒゲはほとんど皆無に等しい。いかついガードマンにもヒゲ面はみあたらない。

会社員の場合にも、一般にヒゲは敬遠される。大学生が就職の面接時にヒゲを剃《そ》っていかなければ、まず不合格まちがいなしである。新入社員でもよほどの猛者《もさ》でないかぎり、ヒゲに未練をのこすことはない。

あるデパートの店員に聞いたところ、すくなくとも客と接する現場ではヒゲはご法度とのことである。客商売の店員やセールスマンにはやはりヒゲは向かないのであろう。

ところが、会社員でもヒゲをのばしはじめる輩《やから》がいる。それはいくつかのタイプに分けられる。ひとつは、社内での昇進にあまり価値をおかない会社員である。かれらは自由なライフスタイルをこのみ、いわゆる「会社人間」の規格から外れていることをヒゲで表現しているのである。

第二のタイプは、海外勤務でヒゲの必要性にせまられる場合である。日本人はとかく若く見られがちなので、それを避けるためのヒゲもあれば、中東のように同性愛者とまちがわれないためのヒゲもある。

第三には、管理職や役員クラスになってヒゲに風格をもとめるような場合がある。「えらいさん」の身だしなみとしてのヒゲである。

そして最後に、会社員でも職業柄、ヒゲに個性をたくすタイプも存在することを忘れてはなるまい。デザイナーやマスコミ関係者にこのタイプが多い。これは芸術家、職人、大学教師など、個人の才覚でなりわいをたてている人と相通じるところがある。

ところで、海外の場合、ビジネスマンのヒゲはどの程度許容されているのだろうか。まずアメリカの友人にたのんで、現地の状況をさぐってみた。すると、アメリカでもやはりビジネスとヒゲはあまり相性がよくないことが判明した。とくに管理職の地位が上がれば上がるほど、ヒゲとは相いれないものとなるらしい。ただし、最近は「ゴーティー（ヤギヒゲ）」がビジネス界でも受けいれられる傾向がみられるという。

台湾の場合も、ビジネスマンとヒゲは両立しないようだ。そこでは、身内がなくなると葬式までヒゲを剃らない慣習がある。時によっては、それが二カ月におよぶこともあり、ビジネスにさしつかえる。そうした場合、喪主でもないかぎり、掟をまもらないこともあるという。

ともあれ日本の会社におけるヒゲの輩はマイノリティーである。しかし、当人は肩身がせまいと感じているわけではない。ただ、周囲からは時に「変人」とみられているだけのことである。

（〇一・一一・二三　中牧）

オフィス空間

48　社長室の場所――居住性、安全、それとも権威？

社長はどこにいるのだろうか。社長室は会社の中でもっとも居心地のよい場所に置かれることがふつうなのだが、ビルのどこに置くかはいくつかのパターンがある。

ブラジルは相当に都市化が進み、高層ビルが建ち並んだ町が多いが、研究者に聞くと、ブラジルをはじめ、南米では圧倒的にビルの最上階に社長室が置かれているという。地位の高さがそのまま居場所の高さにつながっているそうだ。

日本でも自分の頭の上を歩かれるのは嫌だといって、社長室を最上階に移したという話もある。こう聞くと、「何とかと煙は高いところに上がりたがる」という古い表現を持ち出したくなるが、眺めがいいことは居心地を増すことは確かだろう。

しかし、建築の専門家によると、ビルの最上階は空調の効きが悪いし、騒音も他の階よりもあって、それほど最上階の居住性はよくないとのことだ。

それでも最上階をとるかというと、日本の多くの企業では最上階から一つか二つ下ぐらいの階に社長室や役員室を設けている。眺望と権威の高さと居心地のそれぞれを満足させるというわけだろう。

ところが、このパターン以外には、社長室が低層、二階や三階などに設置されている企業も少なくない。

これはおそらく、エレベーターの普及以前の様式を引き継いでいるのだろう。年配の社長が階段を上がることを嫌った結果として、低い階に社長室があるわけだ。

それならば、一階に社長室というのもありそうだが、これはあまり見かけない。一階ではあまりに入り口近くで軽すぎるということだろう。

ところが、二階は地震の時に危ないことは阪神・淡路大震災でも経験している。上下から圧力をかけられ、二階だけがつぶれてしまうというビルが多く現れた。このために、二階は避けて、三・四階に社長室というのも一つのパターンである。居心地よりも安全が優先されている。

ついでのことに京都大学経済学部の学部長室は、今年八月に移転するまでは、一階にあるだけではなく、複数の出入り口が用意されていた。大学紛争の時に、学生に襲われたときのことを考えて、いつでも逃げられるように、場合によっては窓からでも出られるという安全対策の結果である。

居心地を最優先するか、安全を優先するか、あるいは、権威の象徴である高さが最優先になるか、それぞれの企業の特徴が現れる。

田中康夫長野県知事は一階でガラス張りという執務室だが、これなどは露出趣味という新しいパターンといってよいかもしれない。投票にさらされる政治家は、常に住民の前にさらされている必要があるのだが、仕事の姿そのものをさらすということになると、かなりの思い切りが必要だ。

それぞれのトップの姿勢だけではなく、それぞれの社会の伝統や企業のスタイルによって社長室の場所が決まってくる。

おたくの会社の社長室はどこ？


（〇一・一一・二七　日置）

49　視線とアメニティ——文化としてのオフィス空間

アメリカに進出している日本の大手電気メーカーのセールスオフィスで、会社を辞めてゆく現地アメリカ人社員が表明する大きな不満の一つが、オフィス空間に対してのものである。これは他の日系企業でも見られる現実だ。

不満の元は、個室が極端に少なくて、視線を遮断する間仕切りパネルすら無い、という、日本的に考えればごく当たり前のオフィス風景である。日本的なオフィスは、企業でも役所でも、いくつかのデスクが向かい合い、お互いの上半身もよく見える環境である。そんなオープン空間の方が、その場で即席で話し合いもできて便利だと考えている。

一方、アメリカ人の反応は、「仕事中、視線があったりしたら集中できないよ」というものである。「お互いを監視させ合うような環境だ」という意見もある。日本人ならそんな風には考え

もしない。

善し悪しは別にして、デスクの配置のあり方というのも一つの文化現象である。パソコンや書類や文房具、デスクと椅子など、個々のモノは、日本だろうがヨーロッパだろうがアメリカだろうが同じである。しかしそれらをどう配置するか、ということになると、単なる機能性を超えた文化的な意識が反映している。

日本人なら当たり前で気にもかけないようなデスク配置も、海外では受け入れられないことがある。先ほどの大手電気メーカーも、アメリカでは、平社員がお互い視線が合わないよう、全員、学校の教室のように同じ方向を向いて座るようにしている。それでも「まだ見晴らしが良すぎる」と感じるようで、さらに、各デスク毎に高さ一二〇センチのパネルで囲ってしまった。やっと「これで少しは落ち着けるわ」というのがアメリカ人女子社員の反応であった。

実は、欧米でも、これほどお互いの視線を気にしたオフィス空間が考えられるようになったのは、さほど昔ではない。「オフィスランドスケープ」（オフィス景観）という新しい考え方がドイツから出てきたのは一九六〇年代のことだ。そのあたりのことは、佐藤方彦編著『オフィス・アメニティ』に書かれている。

「オフィスランドスケープ」で提唱されたのは、デスク配置を機能性とともに、お互いの視線が合わないように配慮することで、「心理的な快適さ」をもたらすことであった。

このような考えは、さらにアメリカで改善された。例えばデスク周囲にパネルを置くことで、視線をさえぎるばかりでなく、そのパネルに、メモや資料を貼って作業をしやすくしたのである。

パネルがデスクの延長とされたのだ。こうして、空間は、「アクション・オフィス」とか「ワークステーション」などと呼ばれ、利便さ快適さを追求する様々のアイデアが出されてきた。

このような欧米の流れを、用語としては受け入れてきた日本であるが、「視線が心理的な快適さを損ね、仕事の効率に悪影響を及ぼす」などと考えたことはなかった。同僚や上司の働く姿が視界に入っていても気にせず過ごしている。

ひょっとすると、美徳としての「見て見ないふり」「聞いて聞かないふり」といった心の訓練が日常生活の中で、例えば「のれん」や「障子」「ふすま」など、実質的には何も遮断していないのに、心の配慮で「遮断する」ことなどを通じて、成されているのかもしれない。

（〇一・一一・一八　住原）

50　大部屋——自己規制から創造性へ

当然だと思っていた職場に突然、違和感を覚えたという話を聞いた。筆者の勤める大学で来春、夜間の経営大学院コースを開く計画があり、ある上場企業の幹部と話をしたときのことだ。

「若いころから内勤で、大部屋に机を並べて仕事をしてきた。自分の資料と隣のとがゴッチャになったり、少なかった電話機を取り合うのが日常茶飯事だったですね」という。椅子は、ひじ掛けなしから、両ひじ付きに、机は両袖付きになるのが希望。夢は、末は秘書付きの個室で仕事をすることだったという。

「落ちつく暇なく毎日頑張って、上から言われたことをこなし、同僚や後輩の電話の内容からも情報を仕入れていましたね。まあ、皆、同僚にも秘密なことは部屋の外で連絡したりしてはいましたがね。結局、大部屋だと筒抜けでしたよ」

高度成長期のサラリーマンの希望は、年齢と収入と地位のバランスがとれることだった。そのいずれか一つが欠けても、不幸と感じ、焦燥や絶望に襲われた。そのための熾烈《しれつ》な競争が大部屋を舞台に行われる。

今、研究開発部門や特別なプロジェクトを行うセクションでは大部屋を区切ったり、机と机の間に低い仕切りを入れたりするところが増えた。逆に、完全に独立した幹部の個室を廃止し、欧米流のガラス戸で中の見える部屋を置く会社もある。

若いサラリーマンの気質も大きく変化した。親が会社の大部屋で仕事をしているのに、自宅で子どもには個室（勉強部屋）を与える時代。その環境で育った若い世代には、形だけの独立で「自分には創造力がある」と誤解する人も多い。

先の幹部は、「われわれの時代はまだ、同期入社の半数以上が課長まではなれました。今後は、役職インフレもあり、昔と同じ課長の権限をもてる人は同期の二割以下になるでしょうね。よほど何かに優秀な人だけが必要とされる時代です。民間では、『良い学校、良い会社、良い地位』という図式はもう通用しません」という。

日本経済の牽引《けんいん》力は製造業にあり、それは、安く造れば売れるという「コスト優位」の戦略で達成されてきた。経済のグローバル化の中、この戦略では国内生産の頭打ちは避けられない。ユニークな商品コンセプト、ソフトウエア、デザインに基づき、顧客が「この会社の製品でなければ」という物をつくる必要がある。「差別化」戦略に転換し市場での優位性を確保するのが急務。「知的所有権」という言葉を最近よく聞くが、実はこのことを暗示している。

「大部屋は型からはみだす人には居づらい場を提供します。社員の自己規制が効いて人事管理には便利です。でも、会社の将来を考えると、差別化の鍵を生み出す個性的な人材の芽を摘む危険もあるのかなとも思います」

会社で要求される人材は、広い基礎知識を持った上で創造力を発揮できる人。大部屋の提供する「常識ある会社人」としての素養と個性からくる創造性の両立が求められる。

日本の会社は今、全員がゼネラリストである必要はないということに気づいた。プロジェクトリーダー達への権限委譲も進むだろう。研究開発部門と同じような体制の営業部門も多くなろう。その時、かつての「和気あいあい」に代わるサラリーマンの標語は何になるのだろうか。

（〇一・一一・二九　廣山）

51　会社の風水――企業戦争に駆り出されたパワー

いま陰陽師《おんみょうじ》がもてはやされている。夢枕獏の小説『陰陽師』シリーズが火付け役となり、狂言師・野村萬斎主演の映画もすごい人気のようだ。書店では陰陽師の関連書籍がハリー・ポッターと競い合うかのように並んでいる。いわゆる魔術への関心が高まっているのだろう。

一九九〇年代の中頃には風水ブームがあった。こちらはハウツーものの本が売れただけで、小説や映画がもてはやされたわけではなかった。荒俣宏原作の映画『帝都物語』（一九八八年）には落語家・桂三枝の扮《ふん》する風水師が登場するが、ブームはそれを忘れかけた頃にやってきた。

風水ブームの仕掛け人と目されたのは、Dr.コパこと、小林祥晃《さちあき》氏。彼は一級建築士の資格をもつ工学博士であり、設計事務所を経営する。そのかたわら『幸福を呼ぶ風水家相診断』『風水の吉方位パワーで大開運』などの本を次々に出版し、テレビにもよく登場した。いまでも月に一、二冊のペースで出版は続いている。

　そのDr.コパの著作のひとつに『ビジネスに生かす風水術』（一九九五年）がある。そこにはサラリーマンやOLにとって気になることばかりが書かれている。ビルにはフロアごとにラッキーゾーンがあるとか、鏡を入り口正面におくと運が逃げるとか、職種別によいデスクの向きがあるとかである。服の色で風水パワーを身につける方法とか、凶方位への出張はこうして乗り切れといった方法もきめ細かく指南されている。また社長室は広いフロアでゆったりとした空間にすべきで、エレベーターを降りた一番奥がよく、北や西を背にデスクが置けるような部屋がこのましいとすすめられる。

　Dr.コパの影響を受けたわけではないだろうが、実際、会社の沈滞ムードをはらうために風水パワーの導入をはかった大企業がある。そこでは本社ビルの屋上に丸い車輪をかたどったモニュメントや、先端に翼のついた三角形のオブジェを置き、回転し飛翔する姿を具体的にイメージ化した。そのせいか、その会社はその後めざましい回復力を示した。

　ところで、ビルの風水といえば香港が本場である。香港はビルの超過密空間であり、九〇年代には香港上海銀行と中国銀行が「風水戦争」をくりひろげたと噂《うわさ》される所でもある。中国銀行は社会主義の名誉にかけて香港上海銀行より高層にしたが、ナイフのように尖《とが》った形は香港の風水には良くないとささやかれた。かたや、香港上海銀行の入り口に立つ一対の獅子像は風水が吉とされ、新築ビルへの移転時には儀礼も行われた。

　ことの真相は定かではないが、かつては家相や墓相の、いわゆる陽宅風水や陰宅風水が主流であったが、いまでは会社ビルの建築風水が商売敵への攻撃手段として利用されはじめているそうだ。

風水とはそもそも古代中国で編み出された、風と水によって気の動きを操作する方法である。現代風に言えば環境アセスメントにほかならない。その環境条件が人間や死者の住まいに好影響をおよぼすよう判断するのが風水師の役割であった。それがいまや熾烈《しれつ》な経済戦争に応用されるようになったのである。

陰陽師、ハリー・ポッター、風水と並べてみると、そこには魔術的なものへの関心というより、その操作へのあこがれや期待感がどうやら潜んでいるようである。

（〇一・一一・三〇　中牧）

52　応接室――「客間」から「リラックス空間」へ

革張りの応接セットに高価な絵画、足を踏み入れると沈みそうな絨毯《じゅうたん》に骨董の壺や調度品の数々。そこに通される客に無言の威圧感を与え、会社の格式を誇示するような古いタイプの応接室は今、姿を消そうとしている。

「かつての旧財閥系企業に見られたような、客の格式やランクに合わせた、豪華絢爛《けんらん》な応接室は最近少なくなっていますね。この頃は応接室として独立させるよりも、会議室と兼用のものや、役員の部屋に応接セットがあって客と自分自身のためのくつろぎの場所として利用しているものが多くなっていると思いますよ」と話すのは、長年コンサルティング業務に携わり、国内外の大手企業を見てきた小島光彦さん（仮名）である。

小島さんの経験によれば、日本の伝統的大手企業の中には客のランクにあわせていくつもの応接室があって、家具調度品から使用される茶器や茶菓にいたるまで、細かなランクが決められているところもあったという。「そのような応接室は、接待の場所というよりも客を評価する場所だったような気がしますね。調度品や茶器の価値がわかるかどうかでその人の文化・教養などの程度を探り、その後の付き合いの深浅を決める判断材料にするというようなこともあったのでしょう」と小島さんは言う。

建築史の文献によれば、武家屋敷では訪問客の格式や身分に応じて門、庭、玄関、書院などの空間での接待の仕方が異なり、それが儀礼化されていったという。まさに先の企業の事例はその伝統を引き継いでいるかのようである。

「海外（特にアメリカ）の大企業では役員の個室を応接室がわりに使っているところが多いのですが、そのような部屋はみな実に個性的でしたね。個人の趣味で家具を選び、自分の好きな絵画や苦労して集めたコレクションなどが並んでいる。そしてそれにまつわる色々なエピソードを話すことで、客とのコミュニケーションのきっかけを上手に作っていました。そこでは客を評価するというより、いかにリラックスさせるかに配慮していたと思います」と小島さん。

海外の企業では、役員の部屋に通されるということ自体が既にそれなりの地位のある人間という証明であり、そこで客を評価したり「もてなし」の違いを誇示するというより、むしろ親密さを示してくつろがせ、仕事の内容そのもので相手と勝負しようとする姿勢が強かったという。

また、日本の応接室には取引先からの贈答品や会社の記念品などを飾っている企業が多いのに対し、海外ではむしろ個人的趣味を示すものが並んでいたことも大きな違いであったと小島さんは話してくれた。

応接室はその国の接客文化を端的にかつシンボリックに表現する空間ともいえる。会社の「顔」として客をもてなし、会社と相手との距離を測りあって会社世間の「つきあい」の程度を推し量る場であった応接室。この「客間」としての日本企業の応接室の役割は、今や客も自分も和ませる「個室」としての「リラックス空間」へ変貌しようとしている。

応接室の変化は、日本のビジネスや接客文化そのものの変化を反映しているのであろうか。

（〇一・一二・一　三井）

第三章　元気な大阪、元気な日本

道修町《どしょうまち》

53　道修町の祈り――新薬開発支える実験動物の慰霊祭

商都・大阪を象徴する町はいくつかあるが、その中で薬品関係の企業が集積する道修町を「会社じんるい学」のメンバーが歩いた。

道修町の守り神は薬の神様である神農だが、それは他の回に譲り、薬品会社が行っている別の鎮魂の祈りを紹介しよう。

それは、実験動物たちの慰霊祭である。製薬会社は新薬の開発を余儀なくされる。これは保険制度の問題で、常に新薬を出していなければ、薬品価格が下がるようなシステムになっているためだ。つまり、開発費を回収した薬は保険単価を引き下げられることになっているために古い薬は次第に薬価が下落する。薬品の使用量を増やすという、いわゆる薬漬け医療にしないためにも、新薬の開発が必要なのだ。

新薬は副作用がないことを確認しなければならない。そのために、動物実験が行われ、病気を治す効果だけではなく、副作用がでているかの確認のために、治験薬が動物に投与される。動物は身体の異常を訴えるわけではないために、ある量を投与されると解剖に回される。この動物が膨大である。

製薬会社の中央研究所では、まるで工場のような手順で次々に解剖が行われていた。実際に薬が開発され認可されると少量で高価であり、製造は自動化されているので、ほとんど生産過程でコストを下げる余地はない。新薬を上手に開発し、手際よく認証されるために、動物実験、治験をすませて開発期間を短くすることがコスト低下のもっとも大きなポイントである。競争が手際よく実験をこなすことにかかっているという業種はほかにないだろう。かなりの数の実験動物が新薬開発に必要とされ、その慰霊祭が行われている。

道修町の最大手である武田薬品工業でも動物の慰霊祭が一〇月の動物愛護週間にあわせて行われる。慰霊碑が同社の十三工場内の中央研究所にあり、そこで慰霊祭が営まれる。仏式の法事として行われ、毎年の動物愛護週間に研究所幹部が出席する。
実験動物については、アニマルライツという議論があり、ペットや自然動物を保護してその権利を守るべきだという運動が行われている。ミンク飼育園を襲撃してすべてのミンクを逃がしてしまうといったかなり過激なグループも含まれる。このグループが実験動物に目をつけた。動物を不必要に殺しているという批判を製薬会社や研究機関に対して行っている。アニマルライツの運動を

意識して実験動物の慰霊祭をしているわけではなく、かなり以前から行っているとのことだ。実験動物の扱いについてもできるだけ痛みの少ない方法で処置するようにといったガイドラインが定められている。それでも、慰霊祭を必要とするだけの動物が犠牲になっているわけだ。人間の医療にとって必要な犠牲であるのだが、これからも実験動物を巡ってはさまざまな問題が出てくるだろう。道修町の薬種問屋が製薬会社になっていくにつれて、実験動物の慰霊祭が現れる。神農とは別の祈りが生み出される。

（〇一・七・三　日置）

54　ネーミング──「差別化」から「意味化」へ

「アンメルツヨコヨコ」「のどぬーる」「熱さまシート」「キズドライ」など、名称の馴染みやすさで知られている商品を多く出しているメーカーが大阪の薬の町、道修町にある。商品名は知っていても、「小林製薬」と関係づけられる人は少ないだろう。「（社名を出すより）一回見れば忘れない、理解しやすい商品名を目指している」（電通の稲実浩史さん）とか。

このメーカーは、本来固くあるべき医薬品ですら、「キズアワワ」など軽いノリの名前を付けるくらいなので、家庭用雑貨などになると、ますます解放感が発揮される。

「トイレその後に」「カビはえない泡スプレー」などはまだマジメな方で、「あっ！　グリルきれい」「チン！　してふくだけ」「髪の毛集めてポイ」「エアコンのホコリ集めてポイ」「しみとり

〜な」「タタミのツヤ出し〜な」「野菜長持ち〜な」「抗菌ふりふりカーペット」「メガネクリーナふきふき」など、従来のモノの名称の姿を、他社に先んじて覆してきた。そういえばこのごろ、他の製薬会社ばかりか、全く違う業種ですら、くだけた名称を使っている。

例えば、大手電器メーカーは、新製品の洗濯機を「乾いちゃう」という名で宣伝している。従来なら、「乾燥機能付き自動洗濯機」といったところだろう。冷蔵庫で「どっちもドア」というのもある。

このような命名方法の傾向を、軽薄であるとか、ふざけているとか、文法がデタラメとか、ナニワ的コテコテ、などと言うのは野暮だ。

「命名する」という行為をテツガクしてみよう。「名前を付ける」という行為は「自分にとっての意味。自分との関連で対象を位置づけようとする行為」であると、記号論学者の池上嘉彦さんは指摘しているが、小林製薬の先にあげた名称はどれも、消費者が商品を使う時の「消費者にとっての」感覚を、メーカーが先取りした名称として見て取れる。

これまで消費者というものは、メーカーが提供するモノを「受け身的」に受け止めるだけだった。「洗濯機」「扇風機」「テレビ」「エアコン」「歯磨粉」「洗剤」といった商品は、丁度「イヌ」や「ネコ」といった一般名と同じで、個性の無い一般的な名称であるにすぎない。

かつて、犬なら番犬、猫はねずみ対策、といった誰にとっても同じような用途であった時代は、「ポチ」や「太郎」や「タマ」程度の、せいぜい「区別するだけの」名前でよかったのに、今ではすっかり「ペット」として、「各自の飼い主にとっての意味合い」が重んじられ、ユニークな

熱さまシート
あっグリルきれい
トイレ
その後に
髪の毛
集めてポイ
エアコンのホコリ
集めてポイ
野菜長持ちーな
のどぬ~る
トローチ
キズドライ
レンジで
チン!
してふくだけ
アンメルツ
ヨコヨコ
メガネクリーナ
ふきふき
タタミの
ツヤ出しーな
BEKOOOL
しみとりーな

名前を付けることが多くなった。

日常使用するモノもまた、メーカーの「お仕着せ」だけの時代ではなくなっている。メーカーが商品開発するにしても、消費者側の感性から自然に湧き出てきたような商品名が求められている。商品の「差別化」が言われて久しいが、むしろ、「消費者にとっての意味化」が今問われているのだ。一見ケッタイなネーミングにそんな可能性がうかがえる。

ところで、最近「熱さまシート」が初めてアメリカ市場に出て「BE　KOOOL」の英語名で売られ始めた。これも正確な英語ではない。しかし、消費者の感覚に素直に響けば、きっと受け入れられるはずだ。


（〇一・七・四　住原）

55　神農さん――街の絆を象徴する薬の神様

武田薬品や小野薬品、田辺製薬や小林製薬などの本社ビルがひしめく道修町。その象徴は「神《しん》農《のう》さん」をおいてほかにない。神農の祀られている少彦名《すくなひこな》神社は道修町のほぼ中央に陣取っている。

境内の絵馬を見ると、病気の平癒祈願や薬科大学への入学祈願が書きこまれていて、いかにも「薬の神さま」といった風情である。仕事の合間をぬって参拝するサラリーマンの姿からも、身近な神さまとして親しまれていることがよくわかる。

神農はもともと中国伝来の神格である。伝説上の帝王とされているが、農の字が示すように農業の神であり、同時に医薬の神でもあった。神とはいっても、中国の場合には、具象的な人物像として表象される。特徴としては、頭頂に二つ角があり、手にもった薬草を口にくわえていることがあげられる。それは、神農は頭が牛で、薬草をみずからためしたという伝承にちなんでいる。

では、中国伝来の神農がどうして少彦名神社に祀られているのだろうか。その疑問に答えるには、道修町の歴史をすこし紐解かなくてはならない。

そもそも道修町は漢方薬の原料の集配地として誕生した。中国船やオランダ船で運ばれてきた唐薬種を長崎から一手に仕入れ、真偽を吟味し、価格をつけて、全国に供給していたのである。

その後、幕府は享保の改革で薬種の国産化を推進し、享保七年（一七二二年）に和薬種の検査所が大坂にも設置された。薬種商一二四軒は「薬種中買仲間」という株仲間を結成し、毎日交代で和薬の検査にあたった。その株仲間の寄合所で祀る神棚に、安永九年（一七八〇年）、神農とともに少彦名命が加わった。こうして和漢双方の薬の神がそろったのである。

では、幕末から輸入されるようになった西洋薬（洋薬）には神さまはいなかったのだろうか。実は、いたのである。神農図の掛け軸をかかげる漢方医に対抗し、蘭学医は古代ギリシャの医術の父といわれるヒポクラテスの肖像画をかけていた。

京都の薬種卸商の町、二条通りにある薬祖神祠には、神農や少彦名とともにヒポクラテスが合祀されている。これは洋薬を扱うようになった明治初期の措置である。しかし道修町の少彦名神社にはギリシャの哲人の姿はない。

そのかわり、薬祖という名称が京都同様、定着した。それを決定づけたのは、明治一七年（一八八四年）に結成された「薬祖講」である。これは明治五年に解散された株仲間を再編したもので、会費制により運営され、薬祖神の祭礼を例年執り行うことを定めていた。これが現在一一月二二、二三の両日にわたって、盛大に挙行される神農祭につながっていることは、言うまでもない。

また、かつての寄合所の跡地も現在の少彦名神社や「くすりの道修町資料館」にひきつがれている。神社では薬祖神のご神徳が祈願され、資料館では、唐薬に和薬が加わる江戸時代のあきない、そして明治以降の洋薬販売から新薬製造にいたる道修町の変遷がわかりやすく展示されている。

道修町の精神的きずなは、昔も今も「神霊さん」の聖地につなぎとめられているのだ。

（〇一・七・六　中牧）

56　薬の街の革新者――社長は「Kさん」、社員は「ごんた」

タケダ、タナベ、シオノギなど、日本を代表する製薬会社が壮麗たるビルディングを連ねる道修町。その中心街から通りを一本隔てたところに、それと知らなければ通り過ぎてしまいそうなビルがある。商品のネーミングの面白さで既にこの連載にも登場している「小林製薬」。ドアを押して中に入ると出迎えてくれるのは、受付嬢の笑顔と、枕を抱えた「熱さま君」人形、そしてショーケースの中のユニークな商品群だ。

「仕事真っ最中」の活気に満ちた職場をいくつも通り過ぎ会議室へ向かう。会議机の上にも賑やかなパッケージの商品達がひしめき合い、「見てくれ」「使ってくれ」と言わんばかりの自己主張で迎えてくれる。箱の片隅に小さく社名とロゴマーク。顧客ニーズに徹底的に迫り、他社の考えつかないようなニッチ（隙間）を探り、年間二〇〇〇品目の新製品を生み出すというこの会社の「創造性」の根源には、人や組織に対してもユニークな発想がある。

一九九五年、一枚のポスターが社内に張り出された。そこには「今日から私も小林さんです」というキャッチフレーズとともに小林一雅社長自身の写真が載っていた。これは役職者に対する「さん付け」呼びを導入し、権威主義を排除しようという意図だけでなく、全社で取り組む組織改革への象徴的なメッセージでもあった。この時から小林製薬は、環境変化に対応できる「柔軟な組織へ」と大規模な組織改革を行っていく。

これは単に口先だけのメッセージではなく、小林さんは「社長」と呼んだ社員を本気で怒ったという。役職者には社長と副社長という二人の小林さんがいたため、結局、社長は「Kさん」副社長は「Yさん」という呼称が次第に定着していった。

また、社員の革新的精神を喚起するにあたって、会社の求める人材像を「ごんた」という親しみやすいキャッチフレーズで表現している点もユニークである。

同社パンフレットの「ごんたの10箇条」によれば、（1）新しいものが好き（2）負けず嫌い（3）明快な自己主張（4）本音で話す（5）ねばり強い（6）行動力がある（7）仕事の虫（8）摩擦や失敗を恐れない（9）意外性がある（10）愛嬌があり人に好かれる、というものであり、会社を「小林ごんた集団」にすることが理想であるという。

さらに、社員にやる気を出させるために「信賞必罰」ではなく「信賞必誉《しんしょうひつよ》」の精神が尊重されている。特にこの会社らしいアイデアは、成果を上げた社員に社長から送られる「ホメホメメール」や「ホメホメバッジ」の存在である。

「バッジなど子どもっぽいかもしれませんが、やはり貰えると嬉しいものです。人間いくつになっても褒められると嬉しいし、やる気も出ます。もっとも多額の報奨金というのはありませんが……」。本社統括本部経営企画部課長の長野弘之さんは楽しそうに語った。

伝統と格式を重んずる道修町の傍らで、革新的精神で「自分の道」を模索する小林製薬。商品開発やネーミングにも人材育成にも、この会社独自の知恵やユーモアが溢れている。しかし、これもまた道修町の文化が長年育んできた「知恵」「才覚」「先取精神」の〝新たな形〟と言えるかもしれない。伝統は守られつつ、絶え間なく創造されていく。


（〇一・七・七　三井）

東大阪

57　光海底ケーブル——ミクロンの世界に挑んだ二代目社長

異型線技術で光海底ケーブルのトップシェアを占める会社が東大阪にあると聞いて、たずねてみた。異型線といわれてもピンとこない。「簡単に定義するとどうなりますか」とうかがうと、「断面が丸以外の形をした線」と、村尾雅嗣社長（五九）みずから答えてくれた。

会社名はナミテイ。*戦後、丸釘の製造から出発した「浪速製釘」の「浪」と「釘」からとった名称である。光海底ケーブルのビジネス・チャンスは一九八四年、二代目の村尾社長が創業者の父の後を継いだばかりの頃にめぐってきた。

「東京の問屋さんが『ある海底ケーブル・メーカーが実験用に異型線をつくるところはないかさがしている』と言われたのがそもそもの始まり」と村尾社長は淡々と回顧した。

「図面さえあればできると電話で答えたが、ファックスで送られてきた図面は強度・精度ともにシビアなもの。われわれはふつうゼロ・コンマ一ミリの仕事をしているのに、一〇〇〇分の五ミリでは差がありすぎた。でけへんと断わったが、できると言うたではないかと言われ、とりあえず一〇〇〇メートルだけの話やったんで、引き受けた。おかげで三日三晩徹夜せなあかんようになってしもた」

開発競争をしていたため用途は教えてもらえず、メーカー名も明かされなかった。コンマ一からミクロン単位の精度に対応できたのは、まさに技術・技能をふりしぼってのことだった。

光ファイバーの通信ケーブルは高速で大容量の情報を確実に伝達できるという特性をもつ。それをおおって保護する異型線の鋼線には、水深八〇〇〇メートル（八〇〇気圧）の高水圧に耐える強度が要求される。ナミテイが開発したのは、扇形の断面をもつ三分割の個片で、それを三本

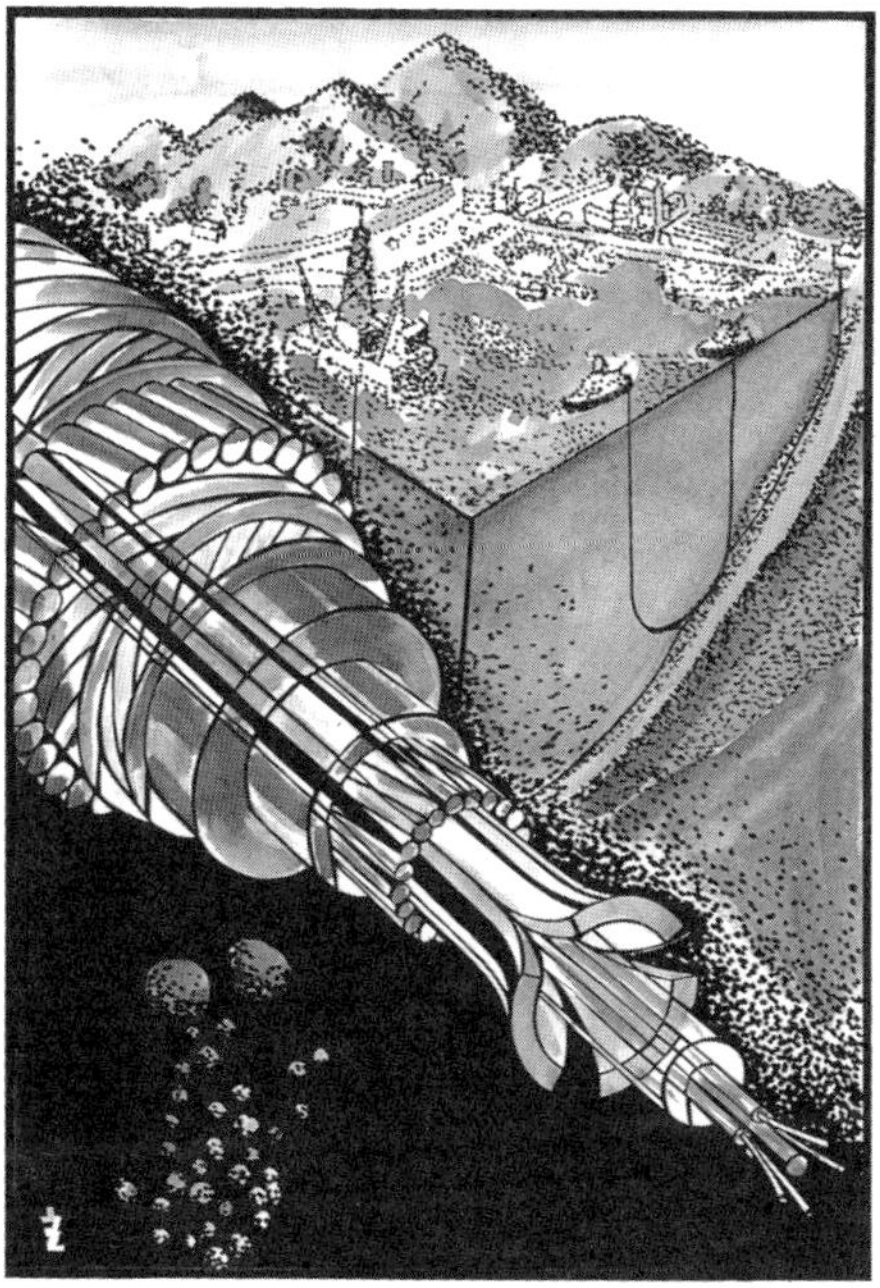

束ねて、核となる光ファイバーを保護する構造になっていた。さいわい実験結果は良好で、のちに判明した発注元から大量に仕事を受注することになった。実験ケーブルの長さも一〇〇〇メートルから三〇〇〇メートル、六〇〇〇メートル、一〇キロメートルと伸び、五五キロメートルで生産体制にはいった。

日本側が請け負った光海底ケーブルはグアムまでの四〇〇〇キロメートル。そこからはアメリカのメーカーが担当し、ハワイを経由してアメリカ本土と電話回線が光ファイバーでつながるようになった。こうして、国際電話につきものだった、あのまどろっこしい時間差が、日米間では完全に解消されたのである。

ナミテイはその後も光海底ケーブルをつくりつづけ、環太平洋地域を中心に、これまで地球を約四周する距離を結んできた。しかし、それに特化することなく、異型線を武器に、多品種少量型の「隙間商品」の開発にも精力を注いでいる。

リニアモーターカーの実験用集電レールはその一つであり、コンクリートの付着面積が大きい異型線の高強度鉄筋など、鉄道、建築物、電化製品、自動車等の多様なニーズにこたえたパーツ部品を提供している。

本社工場の一角には稲荷社が祀られ、朱塗りの鳥居には取引先や関連業界の名称が黒字で書き込まれていた。これは大手企業の会社神社にはあまり見られない光景である。

「隙間商品」に活路をみいだす会社には、きっとこのような経営感覚も要請されているにちがいない。

＊ナミテイ　一九四五年創業。資本金三〇〇〇万円。従業員一一〇人。主要製品は異形引抜製品、光海底ケーブル耐圧層用異型線。

（〇一・八・二四　中牧）

58　日本化線――市場広げた「自遊自在」の発想

今週の「会社じんるい学」は、東大阪の企業集積を取り上げる。東大阪はモノづくりの街。九千近い工場が軒を並べ工場密集率は全国一。円高不況などの逆境を乗り越え、したたかに生き残ってきた。特定分野ではシェア№1を誇る小さなチャンピオン企業も少なくない。この街をメンバーが歩いた東大阪探訪レポートである。

東大阪における企業集積の始まりは、水車による伸線加工とされている。伸線加工というのはダイスと呼ばれる工具に空けた穴に鉄線をくぐらせて伸ばしていくという加工方法で、鉄が引き延ばされて穴の大きさにまで細くなる。

要するに針金を作るのだが、さまざまな太さの針金を引き出して、それを大きなドラムに巻き取っていく。このドラムを水車で回転させて、その回転力で針金を引っ張る。水車を使った伸線加工は江戸時代から始まったようだ。できた針金を切り揃えて、先端をとがらせ、もう一方の端に頭をつければ釘ができる。あるいは、それにねじ山を切ればボルトになり、またナットができる。このような基本的な部品から出発して、さまざまな機械部品を作るようになったのが、現在の東大阪の工業集積である。

　その中で、今も針金を作っているのが「日本化線*」である。ただし、ふつうの針金ではなくカラーワイヤと呼ばれる色つきの樹脂をかぶせた針金である。これはフェンスなどによく見かけるワイヤである。けれども日本化線はそのような通常のカラーワイヤだけではなく、小学生などが工作に使うワイヤを作っており、それがヒットしている。

　クラフト用ワイヤは柔らかいことが特徴である。ふつうのワイヤは頑丈さを追求するけれども、子どもが工作に使えるためには特別に柔らかい合金でワイヤを作る。直径が一センチメートルもある太いワイヤでも簡単に曲げられる。

　このカラーワイヤ「自遊自在」でさまざまに造形ができる。いろいろなテクニックがあり、思いがけない使い方ができるので、かなりのファンがいるようだ。それでも最初はあまり市場が大きくならず、頭打ちだったのが、作り方の手引き書を添えて売り出したことで大きく伸び始めた。今では、造形用カラーワイヤの九五パーセントを作っている。単にワイヤだけでなく、その楽しみ方を添えて売ることで売り上げを伸ばした。

　最近は夜になると光る蓄光性カラーワイヤや透明感のあるスケルトンカラーなど多様な色揃えでアピールしている。「色の多様さとワイヤの質感で、大企業が参入してきても競争に勝つ自信はあります」と笠野輝男社長（六〇）。

　頑丈さを目的とした針金から、自由な造形をするための柔らかなワイヤへの転換がマスコミにも取り上げられた。わずか従業員一七人の小さな企業が注目を浴びるのは、創意工夫とアイデア。

それに、いったん見つけた小さな市場を何とか育て上げようというねばり強い販売促進努力の積み重ねのように思える。

笠野社長によれば、一番の繁忙期は夏だそうだ。夏休みも残すところ一週間足らず。夏休みの工作のテーマに困っている子どもたちに、カラーワイヤはいかがだろう。

＊日本化線　一九四八年創業、資本金一〇〇〇万円。従業員一七人。金属線製品製造を主力に年商六億円。

（〇一・八・二八　日置）

59　ロブテックス――「腰が曲がるまで」耐える

阪神・淡路大震災では、無名の多くの人々が救援活動や復興に全力を捧げた。救援活動の縁の下の力となった機械や道具もまた数多い。そんな工具の一つが、「コードレスバーカッター」と呼ばれる電動油圧で鉄筋を切断する小型のカッターである。

鉄筋を油圧で押しながら切ってしまうので、火花が出ない。ガス漏れなどの危険が伴う被災地では安心して使えるばかりか、重さも五キロ足らず、長さも四〇センチ弱で、充電式バッテリーなので電源のコードも要らない。救援隊の間で、その利便さが伝わり、「救援用資機材」として公式に認定されることになった。

面白いのは、これを作った東大阪の「ロブテックス」＊が、発売開始段階では「そのような場で活用してもらえるとは思いもよらなかった」ことである。

ロブテックス社の創業は古く、一八八八年（明治二一年）にさかのぼる。今では、全国に事業所や営業所・事務所を持ち、製品を世界に輸出しているが、本社工場は、創業時から今まで、生駒の山々を背景とした瓢箪山の麓《ふもと》にある。創業時の歴史をたどると、初代社長、伊藤兼吉が、両手で切る「バリカン」を発明したところから始まっている。ちなみにバリカンというのは、もともとの発明者であるフランスの会社名である。

また一九二八年（昭和三年）に、国産初の「モンキーレンチ」を製造したのもこのメーカーである。それまで信頼できる工具といえば、舶来品、つまりドイツなどを中心としたヨーロッパやアメリカの製品であった。この日本初のモンキーレンチは、「日本も世界に負けないぞ」という気概とともに作られ、世に出された。一見簡単そうな工具であるが、世界水準の品質にするには、それなりの苦心があった。生産開始に貢献した大薮松太郎という技術者の名とともに語り伝えられている。

そのような心意気は、会社のロゴである「ロブスター」（エビ印）にも表されている。「腰が曲がるまで使える丈夫なモンキーレンチである」という意味が込められて、二九年に、このロゴがつくられ、以来今日まで使われている。ロブテックス社は今では、一般的な「作業工具」ばかりでなく、ダイヤモンドの刃で石や金属を切ったり、削ったりする「ダイヤモンド工具」や、小さな力でもモノを切ったり、締め付けたりできる「省力工具」など多品種の工具を製作しているが、底辺に流れる精神は「腰が曲がるまで使える」製品の品質によって社会的信用を守る、という点にあるようだ。

木村士郎社長（六二）は「人材」という言葉を嫌って、「人財」と言い換えている。ヒトは材料などではなく、最も貴重な財産なのだという。木村社長は、一九七三年のオイルショックの時、人事畑にいて、初めて多くの人員整理という苦汁に満ちた経験を味わった。「そのような思いを二度としたくない」と、九〇年代暮れに生産調整せざるを得ない時でも、人の整理でなく、生産を止める時には、講師を呼んで「従業員の教育の機会」とした。その対象は正社員ばかりでなく、パートの社員にも及んでいた。

経営者自身が、「腰が曲がるまで」耐えようとするかのようだ。

＊ロブテックス　一八八八年創業、資本金九億六〇〇〇万円。主力は作業工具、油圧工具など。二〇〇一年度売上高は五三億八六〇〇万円。

（〇一・八・二九　住原）

60　逆転の発想――従業員四人で世界を席巻

東大阪が元気だ。二〇〇一年七月の「鳥人間コンテスト」では青年会議所のチーム「トライズ」が人力へリコプター部門でみごと優勝。ラグビーのまち・技術のまち「東大阪」を全国に向けて発信した。

この町で面白い企業をみつけた。最近目につくようになった理美容店の什器や髪用鋏《はさみ》の指止めに使われているカラフルなネジやナット。この「アートネジ」を開発、製造・販売するのが「川端ネジ製作所」＊。従業員はわずか四人で、世界を相手に商売する。逆転の発想でたどり着いたデザインネジの国内シェアはほぼ一〇〇パーセント。隠れた存在のネジを見せるという、逆転の発想でたどり着いた快挙だ。

「親爺《おやじ》が創業して、工業ミシン用のネジや精密機器用の特注ネジを手がけていました。自分も一八の時から親爺に付いて修行しましたが、真剣に家業に精を出すようになったのは父の大病がきっかけ。三四歳の時でした。平成元年（一九八九年）からアートネジに取り組みました」。社長の川端謙二さん（四八）が油まみれの作業着姿で語ってくれた。

東大阪市の人口は、昨年の国勢調査で約五一万五〇〇〇人、全国二二位、人口密度は約八〇〇〇人と高い。近畿では大阪、神戸、京都、堺に次ぐ大都市。一九六七年に布施、河内、枚岡の三市が合併してできた。大阪東部の交通の要衝に位置する。中央環状線、外環状線、築港枚岡線などの道路が通り、東大阪流通センター、機械卸業団地、紙・文具流通センターなどがある。ビジネスチャンスをつかもうとすれば格好の立地だ。

川端さんは近くの大学の公開講座『地域社会と中小企業』で「アートネジで新市場　創造開拓企業をめざして」という話をしたという。その時にも受講生の三割は企業関係者だったと語ってくれた。

「外でサラリーマンとして働いた経験がないので、多くは言えません。でも誰でも仕事にはプラス志向が必要だと思います。それがバネになり、チャンスは景気とは関係なくやってきます。そのためには人間関係も大切、自分で積極的に仲間をつくっていくことが肝心ですね」

アートネジという何の変哲もない製品であるが、意匠と製品の精密度が共に要求される商品だ。このニッチにチャンスがあった。一部の製品についてはアメリカとイタリアで製法特許を取得したという。

「アートネジをやるようになってから行動力もついたし、嫌だったネジ屋が楽しくなりました。この製品は多品種・小ロット生産が基本です。大企業なら一つのネジを製造する単位は百万本。うちの様な仕事には手が出ません。仕事が面白いことが活力の源にもなるんですね」

東大阪は時代を先取りする街だ。江戸時代、東部の生駒山麓で水車利用の胡粉《ごふん》(炭酸カルシウム)製造、搾油、石加工などが行われ、大和川の付け替えでは広大な湿原が農地に変わった。明治に入ると、伸線工業、撚糸、鋳物、作業工具などの産業が勃興。戦前期には金属、機械、化学を中心とした工場が立地するようになった。

今、再びこの街から大きな変化が起ころうとしている。「フリーターの若者も自分がやりたい仕事をさがし、見つけたら一生懸命頑張ってほしい」。川端社長の言葉が、景気の闇を照らす灯のように思えた。

＊川端ネジ製作所　一九五三年創業、従業員四人。アートネジの企画、デザイン、製造、販売。

(〇一・八・三〇　廣山)

61　大田区と東大阪――ハイテク町工場VS独自ブランド

住工混在の煤《すす》けた小路。粋《いき》な熟練工が煙草《たばこ》を咥《くわ》えながら旋盤やフライス盤をわが手のように使いこなす。このイメージは東大阪や東京都大田区ではとっくに時代遅れだ。中小企業の世界は激変している。中小企業基本法大改正にみるように、今や政府でさえ重い腰を上げ激変する現状を追認したといえる。私はここ一〇年来、大田区の変化を追いかけてきたが、今回東大阪を回り、中小企業の世界における「東と西」をリアルに感じることができた。

「東」の代表、大田区が大手の試作・開発を支援する「ハイテク町工場」街と化していることは有名だ。何千万円もするサブミクロンの高精度工作機がトタン屋根の小さな作業場に鎮座していたりする一方、作った後に図面を引く作業方法や指先でサブミクロンの精度を見分ける技なども健在だ。

熟練と工学のアマルガム（合金）。大田区は技術マニアの街といえる。経営者の多くは東北を中心とする地方出身者（や二世）で、腕一本の技能とアイデアで食べてきたことを誇らしげに語る。大手に納入した話、大手と対抗して成功した話。技術と企業の格が重視される土地柄だ。

「西」の代表、東大阪はどうか。「デザインネジ」の川端ネジ製作所。隠すものであったネジを逆に見せつける発想の転換。高度に表面処理加工されたネジの用途は工業用からインテリア、アート用に広がる。小さな工場の片隅にイタリアのブランドつき高級ネジや、漆が塗られた和風ネジなどがスポットライトを浴びてさながらブティックのように綺麗にディスプレーされる。受注は一本から百万本単位まで対応できる。

「家業のネジ屋をただ継ぐことには納得できなかった。既に三五〇種を超えるネジが生まれた」と川端謙二社長は語った。

素材市場の創造と改革を目指す日本化線。主力商品はデザインカラーワイヤ「自遊自在」。従来工業用だった針金を三五色のビニールでコーティングし工作用キット化したのだ。髪を束ねたナイスミドルの笠野輝男社長は、この商品の面白い遊び方の指導書を片手にＴＶ出演や展示会など全国行脚に暇がない。技術とアートのアマルガム。これが東大阪なのだ。

「西」では大手との関係で名声を誇るよりも小粋な独自ブランドを立ち上げることに心血を注

ぐ。いい意味でのB級感。いわば、フランスよりもイタリアのブランドっぽい上手さがあるといえるかもしれない。そのイタリア北東部では、独立心旺盛《おうせい》な中小企業がたくさん集まり水平的取引関係のネットワークを作っている。かの地でのインタビューによると、若い経営者達は仲間や家族とのローカルな生活を基本とした小経営を重視している。

しかしグローバル市場では、イタリア製品は行き届いた品質管理と最新型織機をフル稼働している日本製品と互角に戦う。地場産業に留まってはいないのだ。カギは製品デザインのセンスにある。それで「キリギリス」は「アリ」に十分対抗できるのだ。東大阪に根付く感覚は極めてこれに近い。因《ちな》みに以前から大阪の若者には派手なイタリアンファッションが根強い人気であることも偶然の一致とは思えない何かがある。

さて「東」の「ハイテク」モデルと対比して「西」をどう呼ぶか。日本化線の「自遊自在」の色種には極彩色の色合いをネオン街に見立て笠野さんが名づけたものがある。それにあやかって「西」への敬愛の念を込め、さしずめ「どうとんぼり」モデルとでも呼ぶべきか。

（〇一・八・三一　砂川）

62　ロダン21——東大阪発信グローバルスタンダードへ

街を歩けばリズミカルな機械の音、角を曲がれば工場長屋、路地の奥からは機械油の匂《にお》い。八六〇〇もの町工場がひしめく東大阪は工業部品のミラクルワールド。携帯電話の部品からロケットのパーツまで、揃わないものはないと言われるモノづくりの街である。

その一角に、異業種交流・共同受注グループ「ロダン21」がある。「モノづくりなんでも引き受けまっせ」を合言葉に、全国から寄せられる相談に情報を提供し、製品を開発する。アイデアを形にするモノづくりのプロ達のネットワークである。

「三年前にこのあたりの工場主が集まった時、それまで目と鼻の先にいたのに〝はじめまして〟と挨拶した。つまり互いに顔も知らず、何を製造する工場かも知らなかったんです。それほどまでに大企業—下請けの縦割り社会だったとは驚きでした」と話すのは、このグループの仕掛け人で代表取締役の品川隆幸さん。

「この不況から自力で立ち上がるために、もっと横のつながりを作らなければ」と一三社が中心となってグループを結成。この三年で参画企業二一社、協力企業百社、デザイナーや技術者、研究者などを含むプロのサポーター・ネットワーク（クラスター）へと成長した。

相談案件は日本全国だけでなく、最近は海外からも寄せられる。製品の種類も、家庭雑貨からソフトウェアまで様々だ。ロダン21が強調するのは「製品から商品へ」という視点である。「製造者はとかく自己満足で製品を出しておいて、後で売れないとこぼす。最初から消費者のニーズも考えた〝商品〟を作らなければダメ」という品川さんの言葉は、自分の失敗談に基づいている。

「かつて、〝飛ばないゴルフボール〟というのを作ったことがあります。狭い場所で練習できて、しかも打球の癖もわかる。これは絶対売れると思ったのに大失敗。自分でやってみて原因がわかりました。つまらないんですね、飛ばないと」。全国の倉庫には、こんな「自己満足製品」がたくさん眠っているはずだという。

ロダン21では、商品開発の段階で「製造」「販売」「デザイン」のプロが集まり、多角的な視点から熱心な議論が交わされる。この成果は多くのヒット商品を生み、低水位型給水装置「クイックキャッチャー」は異業種交流財団の優秀製品賞にも輝いた。活動を支えているのは、様々な分野のサポーターのボランティアである。事務所スペースも賛同者からの提供であり、事務局スタッフの多くもボランティア達である。品川さん自身、世界初のパッキング製造自動化に成功した「シナガワ」の創業経営者でもある。

「私自身、人の捨てる仕事を拾い、多くの人に助けられながらここまでやってきました。今度は私がお手伝いする番です。アイデアはありながらそれを形にできないで悩む中小企業はたくさんあります。われわれのサポートが少しでも役立てば……」。話の間にも発注者は次々と訪れる。品川さんは一人ひとりのアイデアに熱心に耳を傾け、笑顔で対応しながらも、製品をチェックする視線は厳しかった。

大企業依存を脱し、町工場が自立しながら協力し合う「モノづくりの街」へ。東大阪の「新たなコミュニティー」づくりは、日本社会の行方を大きく示唆している。「グローバルスタンダードを創りますよ！」。街の〝仕掛け人〟の夢は果てしない。

（〇一・九・一　三井）

技能の日本

63　職人技——舌で決める仏壇の材木選び

現在の日本で再び「手仕事」が見直されてきているが、会社の中でハイテクを支えているのは工学技術と手仕事的な技能である。今週は会社の中での技術・技能の持ち主を取り上げよう。

ずいぶん以前、もう一五年ほど前のことだが、留学生や外国からの訪問研究員を連れて工場見学をしたことがある。どのような業種にしようと迷ったのだが、すでにハイテク工場をいくつか見た経験を持っているというので、いっそのこと、ローテク代表の伝統産業にしてみようと思い、仏壇の「はせがわ」の直方工場（福岡県直方市）を見学した。

仏壇は木工が基本だが、金箔や飾り金具、塗りなどさまざまな工芸技術を含む製品である。それぞれに相当の技能が必要であることはいうまでもない。

ところが、芸術家の域にまで達すると、工場生産とはそぐわないために、技能に優れていても作家と職人とではまた違いがあるようだ。

仏壇に用いる木はかなり堅いカナダ産などの針葉樹が多い。また、宗派によって用いられる唐木仏壇は紫檀《したん》や黒檀《こくたん》など南洋材である。これらを港から運び、大まかに製材して天日にさらす。

雨ざらしにして、乾燥し、また雨に濡れる。それを繰り返す。

これで、木のそりがでたり、割れが起きたりすることがなくなって、ようやく加工を始める。天然の木を用いるために、それだけの手間をかける。この雨ざらしの期間はけっこう長く、三年以上は寝かせるという。工場では方々に材木が積み重ねられている。

この材木がころ合いに落ち着き、使えるようになるという判断はどのような基準なのか聞いてみた。答は、なんと「人がなめて決める」だった。

輸入材が港に入ってくる。積みおろしの時に、海につかるそうだ。海水をたっぷり吸ってしばらく置かれ、それから陸揚げされ、工場に来る。海水を吸いこみ、雨ざらしにされていく間に塩分が抜ける。十分に塩気が抜けたころが使い頃ということだ。

その塩分が抜けるという状態を調べるのに、人間がなめるという。なるほど、人間の舌がＰＰＭ単位まで敏感であることは聞いていたが、こんなところに使えるとは。

「はせがわの直方工場で木をなめてわかる人は何人いるのですか」と聞くと、その当時で二人で、さらに三人を養成中という答が返ってきた。名人芸といってよいだろう。

木をなめて、その塩分をはかり、生木から材木として使える状態になったことを判断するというのはまさに理屈でなく、体で覚え込むということだ。

このような経験による職人技が生きているのは、仏壇という製品が長年の伝統に培われたものであり、それを現代に生かすときにもやはり技能の伝承がきいているからだ。技の世界に、ただ脱帽である。

現在について、はせがわに問い合わせると「今はできるだけ海にはつけないようにしています。それでも、古い材が残っていて、それは今でもなめて判断しています」と広報担当者。とすると、一〇年ほど寝かせる材もあるということか。これまた脱帽というほかない。

（〇一・八・二一　日置）

64　技能五輪――もう一つのオリンピック

最近の成人式は、市長が出てきても、えらい先生がスピーチを始めても、フロアは私語や携帯電話で騒がしい、というのが常だ。昨年（二〇〇〇年）一月の秋田県本荘市の成人式会場も例外ではなかった。ところが、式の最中、「昨年ここで成人式を迎えた斎藤博樹君が、モントリオールで金メダルを獲得……」という放送が流れ、「市民栄誉賞第一号」の表彰式が始まると、会場は一変、水を打ったように静まりかえり、大きな拍手とともに皆の心が一つになった。

この斎藤君というのは、トヨタ自動車に勤務し、一九九九年の世界技能オリンピック「木型」制作の部で、みごと世界一に輝いた本荘市出身の青年である。

スポーツのオリンピックばかりが注目されるが、職業上の技能を競う、「技能五輪国際大会」、正確には、「ワールド・スキルズ・コンペティション」もまた、世界三〇カ国以上から、満二二歳以下の技能者の中から選び抜かれた精鋭たちが、技の頂点を競うビッグイベントであり、もっと大々的に注目されていい。

このオリンピックは、「溶接」「タイル張り」「配管」「左官」「自動車板金」「建具」「フラワー装飾」「美容」「レンガ積み」「塗装」「造園」「料理」など四〇種目で競い、二年に一度開かれている。

最初の大会は、一九五〇年、スペインの職業青年団が呼びかけて、スペインとポルトガルの代表者だけで行われており、当初は毎年開かれていた。次第に参加国が増え、日本も一九六二年から毎回参加するようになった。世界各地で開催され、日本は一九七〇年には千葉、一九八五年には大阪でホスト国になっている。

国内の選考大会で選抜された代表者は、それぞれの職場で、涙を流すような厳しい訓練に耐えながら腕を磨き上げる。ちなみに、前回一九九九年の大会では、日本の金メダルは六個であり、韓国、台湾のそれぞれ七個に次いで第三位であった。銀・銅を含めたメダルの総獲得数においても、日本は世界のトップクラスにいるが、韓国、台湾、ドイツ、スイス、オーストリアなど、個人の「技能」に高い評価を与え、「社会制度」として支援体制を持つ国々は、常に強敵である。

ところで、日本ではこのような技能を正当に認知し評価する社会的意識があると言えるだろうか。確かに、伝統的な技能や芸能においては「人間国宝」というような世界にも稀な「認知制度」が存在し、その人材育成のための制度も確立している。

しかしそうでない多くの一般人は、「学校の勉強がよくできればエライ」という学業偏重の中にあり、工場の中などで身につけた「技能」に対しては、内部の限られた社会内でしか認められることが少ない。高度技能を身につけた人は、華々しい脚光を浴びるより、いぶし銀のような、地味なしぶさの方が似合っているかのようなイメージもある。しかし、スポーツ選手が脚光を浴びるように、光り輝く存在であることを、自他ともに認めあう社会意識があってもいい。

「下善」（名を残すこと）より「中善」（作品を残すこと）、中善より「上善」（より良い後継者を残すこと）という言葉をある刀剣師から聞いた。実はこれが日本の誇る技能の究極の奥義なのかもしれない。

次回の技能五輪国際大会は、今年（二〇〇一）九月、韓国ソウルで開催される。


（〇一・八・二二　住原）

65　本田宗一郎——哲学を持った職人技術者

日本をオートバイ王国に導いた最大の功労は、職人技術者・本田宗一郎に帰する。歴史に「もし」はないが、もし本田宗一郎の存在がなければ、業界の地図が大きく変わっていたことは、想像に難くない。

本田は徒弟制度の下で、自動車修理の技能を身に付け、二〇歳を過ぎたばかりで暖簾《のれん》分けを許され、浜松で独立開業した。修理技術は教えるものでなく盗んで身に付けるという考えで、職人の親方的な体質であった。その半面、創意工夫してクルマを改造するなど単なる職人に飽き足らない部分があり、ピストンリング製造の東海精機の創業に繋がる。

本田は、戦後の一九四六年（昭和二一年）に放出された陸軍の通信機用携帯発電エンジンに目を付け、自転車取付用に改造して売り出す。これがホンダの出発点となり、四九年には、初のオートバイ・ドリームＤ型を完成させた。本田の町工場の親方的な体質は変わらないが、フィロソフィーを持った行動とチャレンジする執念から「日本一は世界一でなければならない」と標榜。敗戦の打ちひしがれた世相にあって、日米水泳競技会で戦勝国アメリカに新記録で勝った同郷の古橋広之進にも刺激を受けていた。

ホンダはメグロ（現・カワサキ）とともに、五四年に開かれたブラジルの国際レースに初参加するが、コテンパンに負けた。同時に急成長を遂げてきたホンダの経営に、ブレーキがかかり、倒産寸前の状態にあったが、世界のオートバイレースの最高峰であった英国のＴＴレースへの出場宣言を内外に発表した。この時、宣言文を書き本田宗一郎をＴＴレースに促したのは、ホンダのナンバー2で、実質的にホンダの経営を支配していた藤沢武夫である。経営状態のよくないホンダの社員のベクトルを一つに束ね、世界的なオートバイメーカーになる求心力となった。

もちろん勝てるだけの技術力がなく、常識的な考えでは出場宣言は思いもよらぬことであり、本田宗一郎の職人技術者としての思いと、同じ人間ではないか、連中にできて日本人にできないことはないとの思いが先行していた。本田の持つ職人的な直感が、こうした宣言をぶち上げ、本田を筆頭にホンダの技術陣がベクトルを一つにして盆暮れもない直向《ひたむき》な技術開発を続け、五年後の一九五九年にＴＴレースへの出場を果たした。その二年後には、オートバイの世界グランプリレースで完全制覇を遂げた。レースエンジンの開発リーダーかつレース監督を務めたのが、河島喜好で、古橋広之進の浜松二中時代の一年先輩に当たる。のちに河島は二代目のホンダ社長を務めた。

ホンダに踵《きびす》を接するスズキ、ヤマハも海外レースに参戦を果たし、欧州のサーキットで日本車の三つ巴の戦いが続けられ、気がつけば欧州車の影はなく、オートバイ王国日本になっていた。レースでの常勝は、性能の優秀さを誇示するもので、それまで「安かろう悪かろう」と言われていた日本の工業製品のイメージを払拭《ふっしょく》した。一九六二年「メードイン日本」という宝塚のレビューがあった。その中の歌にオートバイが花形輸出品として海外に雪崩を打って出ていく、序曲とも言うべきこんなフレーズがある。

「若い我らが世界に誇る、世界一だよオートバイ……」

（〇一・八・二三　出水）

66　漆塗りの革新者――会津から「ｅｙｅｓ」へ

東北の城下町、福島県会津若松市。美味しい地酒と会津塗で有名なこの町に一大革新をもたらし、世界に「漆」（Ｊａｐａｎ）の存在感を示した会社がある。一八九〇年（明治二三年）創業、漆精製と漆製品の製造・販売会社「塚本乙造商店」である。

古い蔵を改造したショールームには、白壁をバックに漆製品が並ぶ。ここにあるのは重箱やお椀のような伝統工芸品ばかりではない。漆塗りのコーヒーカップ、スプーンにフォーク、漆アートにスイッチパネル、アクセサリーやステッキなど。デザインも色も洗練されている。ブランド名は「ｅｙｅｓ」（アイズ）。そのデザイン力は世界に認められ、ニューヨーク近代美術館（ＭＯＭＡ）のパーマネントコレクションにも選ばれた。

実はこの会社の製品はこれだけではない。パーカーの万年筆からクリストフルの銀食器、国産高級車のインパネや航空機ファーストクラスの内装まで、工業製品の漆塗装を数多く手がけている。社長の坂本朝夫さん（五一）によれば、きっかけは、漆製品を「工芸品」ではなく「工業品」として見直したことだという。

「三〇年程前、上野の科学博物館に『日本の伝統工業』の展示品として漆精製機の出展を依頼され、昔の文献を調べたところ、漆はミシンや船底の塗装など広範囲に使われてきた伝統的『工業品』だとわかったのです。会津で主に工芸品として扱われてきた漆を工業品として見直そうと思ったのはこの時です」と坂本さん。

そのような時、漆組合を通じてパーカー万年筆の漆塗装の依頼が舞い込む。これに興味を示したのは坂本さんだけであった。その理由を「ＱＣで厳しく品質管理される工業製品の基準に沿うように仕事をしていくための『共通の言葉』が、職人の世界にはなかったから」と坂本さんは指摘する。横並び分業の職人の世界では新しい技術は受け入れられ難く、誰かが新たな一歩を踏み出すことは大変なことだった。

「何か新しいことをしなければ、伝統産業全体がダメになる」と思った坂本さんは、思い切ってこの世界に飛び込む。坂本さんが会津出身ではなかったことや理系出身であったことも発想の転換を後押しした。彼は新卒の若い社員を教育しながら相手企業の厳しい要求に応えた。

「千セットの万年筆が航空便の着払いで返品されたことがありました。悪い所全てに矢印が書かれたポストイットが貼られて。これにはショックでしたが、諦めなかった。一年の猶予をもらい全て自分で塗り直しました。今でも最初の職人の手仕事のほうが良かったと思いますが、工業品と工芸品は基準が違うと知りました」。

クリストフル社との契約時に面食らったのは「お前の会社は今後三〇年もつか?」と聞かれたことだった。というのは、一度カタログに載せたら三〇年は作り続けるというのが同社の方針だったからである。開発に二―三年はかけるという姿勢にも驚いた。

「ゆっくり開発したものは商品として長続きする。三年かければ三〇年は続く」というクリストフル社のモノ作りの姿勢に、坂本さんは現代の日本が失ったものを見た思いがした。この世界の企業との関係は今も続いている。

伝統世界の革新者には批判の声もある。しかし「漆塗り」という日本の伝統文化を工業化の視点から世界に通用する製品に変えた「文化翻訳者」としての坂本さんの役割は大きい。伝統文化は世界に伝播し、さらに大きく育まれるものだからである。

（〇一・八・二五　三井）

第四章　会社のなかの外国、外国のなかの会社

会社のなかの外国人

67　留学生——豊かな国で働く海外のエリート

いつの間にか、周りにずいぶん外国人の労働者を見かけるようになった。これだけ外国との行き来が盛んになれば当然だともいえるが、日本はまだ外国人に単純労働での入国を認めてはいない。けれども、町で見かける外国人労働者はかなりいる。なぜなのかというと、さまざまな資格で日本で働くことが許されているからだ。

その中でもっとも人数が多いのがおそらく留学生だろう。留学生百万人計画が設定され、目標は達成できそうにないが、それでも着実に留学生は増えている。

留学を目的としているから、学問をすることが本来だが、多くの留学生は途上国から来ている。途上国の物価水準と比較すると、日本はあまりに高い。日本の一割程度の国も珍しくないから、本国からの仕送りだけで生活できる留学生はごくわずかである。このため、留学生は週に二〇時間以内という条件でアルバイトが認められている。

実際、留学生用に、奨学金申請の身上書を書くときに見ると、大半の留学生が月一〇万円程度の生活費で暮らしている。これで、書物など学業費と生活費をまかなっているのだからたいへんだ。文部省や政府派遣の留学生は、かなり恵まれた額の奨学金をもらっているが、私費留学生は深刻だ。

さらに、民間の奨学団体が奨学生の採用数を減らしている。奨学財団は基金を積んで、その利息で奨学事業を行うところがほとんどだ。低金利で利息がへっても途中で奨学金をうち切るわけに行かないから、今までの奨学生に出すだけで、新たな奨学生を採用する余裕はない。

中国湖北省出身で、金沢の大学に通学する皮険峰くん（三三）にアルバイト経験を聞いてみた。「これまでずいぶん多くの職種を経験してきました」。最初は、新聞配達をしていたそうだ。雪の多い金沢での新聞配達はかなり厳しい仕事だ。それから、土木作業や精肉店配達、今は居酒屋チェーンの洗い場をしているという。中小や個人経営の肉体労働がほとんどである。自分の国ではエリートである学生が日本では下積みの労働をしている。

留学生が一つの仕事を長く続けないのは、大学は長い休みがあり、その休みの期間に集中的にアルバイトをして、生活費と学費を稼ぎ出さなければならないからだ。大学が休みの時は長時間のアルバイトができる。当然、別の職種に移ることになる。決して、わずかの賃金差で動くわけではないのだが、誤解されるもとになることもあるという。

それでは、学生の得意な夜の仕事、コンビニエンスストアの店員はどうなのだろうか。二四時間制のコンビニエンスストアは大学生のアルバイトなしには成立しないといわれるほど、学生のアルバイトは多いはずだ。すると、「だめです。外国人にはレジは任されない」。

不法滞在であるならばともかく、身元のはっきりした留学生も全く信用されていないというの

PUSH

だ。すべての外国人労働者がひとまとまりに扱われている。どのように留学生を使うかというノウハウがまだないこともあるかもしれない。けれども、少しずつでも外国人労働者とのつきあいを考えていかなければならない時代に来ている。それならば、まず身元が確かで必死に働かなければならない留学生とおつきあいしてほしい。

（〇一・九・四　日置）

68　日系ブラジル人――「日本製」は外国人製!?

「Ｍａｄｅ　ｉｎ　Ｊａｐａｎ」と刻まれていても、日本人が作ったものとは限らない時代になっている。自動車の部品などを広く海外にも供給している、ＧＭＢという会社の本社工場なども、のどかな大和盆地のほぼ中央、奈良県川西町にあるが、約四三〇人の日本人社員と五三人の日系ブラジル人の混成で成り立っている。

「和」の標語が、社内に掲げられているとおり、通常は平穏な工場内であるが、時として、言葉や文化の違いから、日本人同士ではあまり起きない口論も発生する。場合によれば、ブラジル人から「イジョータ！（バカ！）」とか「カラ・ア・ボーカ！（黙れ！）」などのポルトガル語が、日本人同僚に投げかけられることもある。

トラブル処理の係である総務部の職員が事情を聞いてみると、お互いの意思疎通ができていなくて、誤解が生じていることが多いという。例えば、日本人とすれば、同じことを二度三度と言っているうちに、つい、声のトーンが高くなる。単なる「注意」のつもりが、ブラジル人には「ひどく怒られている」と感じられてしまうというのだ。

「声のトーンとともに、日本人はブラジル人のように手ぶりなどのジェスチャーもなく、顔の表情も固いので、ブラジル人には怒っているように見えてしまうんです。それにブラジル人の方は、単純で気が短い、ということもあります」と説明してくれたのは、五年以上、GMBの正社員として通訳をしている、日系二世の工藤優香エリアーナさんだ。大多数の日系ブラジル人は日本語ができ、日常会話ではほとんど問題ないのだが、職場で込み入った話し合いになると、このような誤解が生じるという。

この工場のような、異文化・異言語混成の会社は、愛知県、群馬県、三重県などを中心に、一九九〇年以降急速に増加した。特にバブル期以後、肉体労働を忌避する日本人が増えて、工場労働力が不足し、政府が、海外の日系人とその配偶者も労働者として受け入れる、という入国管理法を改正して以来、ブラジルやフィリピン、ペルーなどの日系人が急増した。

「登録外国人数」の統計を見ると、八〇年代末でも、ブラジル国籍は全国で二〇〇〇人弱であったのが、数年後には五万六〇〇〇人、今では二〇万人以上になっている。これほど激増した国籍は他に見られない。ブラジルの日系人は一二〇万人程度なので、実に六人に一人が日本に移ってきたということになる。

ただし、その数字のすべてが、日本の定住者ということではない。先ほどのGMBの場合でも、勤務して二―三年すると帰国して、しばらくして再び日本に「出稼ぎ」に来る、といった人も少なくない。最近ブラジルに帰ったある夫婦などは、日本での二年間で蓄えた六〇〇万円で、「念願の土地が買えた」と喜んでいるそうだ。夫の方は、賃金の高い夜勤を選び、毎月四〇万円ほど稼いでいたという。

こんな、目的意識が明確な人ばかりではないことも確かだ。子どものころ親に連れてこられて、ブラジルに帰りたいとは考えず、今やそのまま日本で働く世代が育ってきている。

私たち日本人は、今後ますます身に付けなくてはならない、異文化の人々とのおつきあいの仕

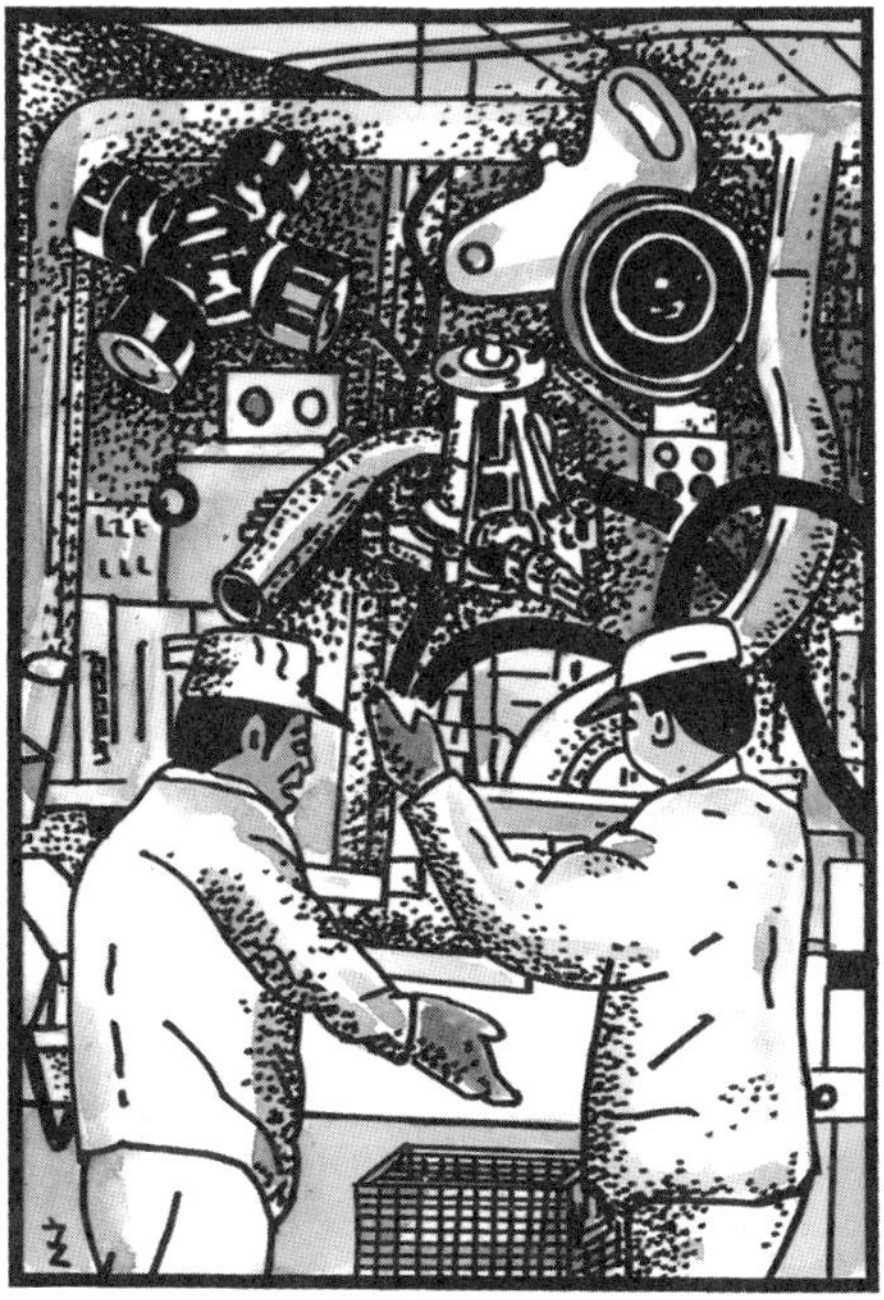

方を、まず比較的身近な日系人を通じて学んでいるのかもしれない。

（〇一・九・五　住原）

69　在日ベトナム人――技術・才能を拒絶した言葉の壁

夏の甲子園、兵庫県代表の東洋大姫路にベトナム籍のピッチャーがいた。左投げ左打ちの一年生、グエン・トラン・フォク・アン君（一六）だ。

今、会社の第一線で働いている若いサラリーマンが生まれたころ、一つの戦争が終わった。一九七五年、サイゴンが陥落。翌七六年の統一選挙でベトナム社会主義共和国が生まれた。以後、自由を求める多くの人々が世界に散らばる。

ボートピープルと呼ばれたこれらの人びとに七九年、日本も先進諸国に並び定住許可を打ち出した。今、この国で約一万人のインドシナ難民の人たちが生活し、子どもたちも大きくなっている。

ボートで脱出、大きな船に助けられた後、神戸にやってきたというNGO「ベトナム　IN　KOBE」事務局長のハ・ティ・タン・ガさんに、仕事や日本のことについて話を聞いた。

「日本のサラリーマンには頭が下がる。長時間通勤や残業、家族よりも仕事。本当に大変だと思う。この町にも多くのベトナム人がいて働いていますよ」という。

七九年に政府は定住準備のため関東では神奈川県大和市・関西では姫路市に難民定住促進セン

ターを置いた。このため、尼崎、神戸、姫路で生活する人が多いという。経済生活は概して苦しい。その一番の理由は就職問題。言葉が不自由なため肉体労働にしか雇ってもらえない。

「サラリーマンになって頭を使う仕事をしたいという人は多い。ベトナムでビジネスマンだったり、技術や技能を持った人もたくさんいます。でも国籍の関係で雇ってくれない会社が多い。中には日本に帰化してサラリーマンになった人も。でも『いつか自由なベトナムに帰りたい』と帰化を嫌う人は多い」とハ・ティ・タン・ガさん。

姫路に住んでいるあるベトナム籍小学生の保護者はアン君の両親と同じ世代。「在日ベトナム人の子ども達は、日本で暮らすなら日本語をもっと勉強しなければ。大きくなると、就職の壁などにぶつかると思いますが、がんばって欲しい。そのためにも言葉はとても大事。日本語をしっかり勉強して欲しい」という。

今、日本の賃金は業種によっては諸外国に比べて格段に高い。これを避けて海外に工場を展開する企業も多い。労働の自由化が進めば、外国人労働者の数は今後ますます増える。人が増えると求職競争が激化。日本の賃金も下がり、国際賃金格差が縮まる。若い世代のサラリーマンや学生は今までのように「生まれながらの日本語能力」だけでは勤まらない。

今年七月のOECDの発表では先進国では過去一〇年間に外国からの移住者が数でも全人口に占める割合でも増大。特に情報通信技術関連では外国人の貢献や国際流動性が高いという。単純労働者の移動も将来は自由になる方向だ。

「働くのは家族の生活のため。落ち着いた生活が目的。日本人はお金にぜいたくすぎる」とハ・

ティ・タン・ガさんは言う。これを聞いて嫌な気がするのは年配の証拠。共感する若者も多い。勤勉の質が変わり、底流に新しい文化が芽ばえている。

日本語能力の話ではないが、今や世界では英語が常識。理科や工芸、哲学を大切にする国も多い。二〇年後の将来を考えたとき、若者が武器にして生き抜ける知識や知恵を広く正確に伝えることが急務だ。

（〇一・九・六　廣山）

70　CO・CO・LO――関西の異文化つなぐFM局

大阪にユニークなFM放送局がある。関西一円に電波が届く「FM　CO・CO・LO（七六・五メガヘルツ）。会社名は「関西インターメディア」。一五カ国語による放送は全国でも群を抜く。

開局は一九九五年一〇月。阪神・淡路大震災が本来の予定を加速させた。関西電力や大阪ガスなど四〇余社が出資者に名を連ねているほか、近畿六府県、大阪市、京都市、神戸市も在日外国人への住民サービスの一環として協力している。音楽とトークの番組が中心だが、地方自治体のお知らせの枠もある。

「CO・CO・LO」のネーミングがユニークだ。コミュニケーション、コオペレーション（協力）、ラブの略で、「心」との掛詞《かけことば》になっている。しかし、もっとユニークなのは多様な言葉が飛び交うスタジオと、そこで働くスタッフたちである。大阪南港のWTCビルにあるスタジオをのぞいてみた。

ＦＭの文字に赤いハートのある看板。それが掛けてある入り口をはいると、そこはまさに多文化社会。迎えてくれたのはプロデューサーの堀純子さん(三〇)。大阪外大でマレーシア語を学び、大阪大学にも文化人類学の研究生として通ったことがあるという。異文化コミュニケーションを冷静にとりしきる若き逸材だ。

最初に紹介されたのはダリン・クラークさん（三五）。出身はカナダのエドモントンで、世界陸上で有名になったことを非常によろこんでいた。開局以来のメンバーで、カナダでもＤＪ五年の経験をもつ局の看板ＤＪである。英語の曲が中心だが、日本語も時々まじえ、世界のヒットチャートを紹介したり、古いロックを流したりしている。「自分が特殊じゃない」スタジオが大好きだ。

スリランカ出身のサティス・デ・コスタさん（三八）も創立当初からの顔（声というべきか）だが、宝石関係の仕事につきながら、シンハラ語の放送を担当している。二時間番組で名前は「ランカ・ラサンガ」。「スリランカを耳で味わう」という意味だそうだ。関西圏にいるスリランカ人約一千人が主なリスナーだが、日本語のコーナーもあるし、母国の最新ニュースも流している。

シンハラとタミールの民族・宗教紛争ばかりが日本のマスコミで報道されるが、「お寺にはお釈迦さまと並んでヒンドゥーの神々が祀られていて、仏教とヒンドゥーが対立しているとは思わない」とマスコミの論調に批判を加えた。「同じ寺に行き、同じ物を食べ、同じ正月をすごすんですから」と。

「メヒコ・マヒコ（神秘のメキシコ）」を担当するのは日系の大学院生ベロニカ・エリ・タマガワさん（三〇）。四年前に来日し神戸芸術工科大学に通っている。関西のメキシコ人は三〇〇人くらい。「日本人のリクエストがいちばん多く、メキシコ人は葉書やメールをださない」とぼやきつつも、「ラテンの明るさをだすような番組にしたい」と語る。

「CO・CO・LO」は関西在住の外国人とそれぞれの母国語でコミュニケーションをはかる一方、リスナーの多数派を占める日本人のリクエストにも応じている。外国人のDJには専属もいれば、アルバイト的にかかわる人もいる。しかし母国語を愛し、故郷の音楽や文化を愛することは人後におちない。

なるほど、ラブというのはそういうことでもあったのかと、妙に納得した。

（〇一・九・七　中牧）

71　関西を元気に——マレーシア出身の「日本男児」

「先生、関西が元気になるにはどうすればいいですか？」卒業後、久しぶりに再会した葉俊輝さん（二八）から最初に飛び出したのはそんな言葉だった。

一〇年前にマレーシアから来日、帝塚山大学から神戸商科大学の大学院に進んで経営学を学び、現在は大和銀総合研究所に勤める若手の研究員である。彼の流暢《りゅうちょう》な日本語を聞いているとマレーシア生まれであることなどすっかり忘れてしまう。その精悍《せいかん》な横顔は、かつての「日本男児」という言葉を彷彿《ほうふつ》とさせる。

「高校卒業と同時にボストンバッグ一つで、何もわからないまま日本に来ました。奈良の下宿で迎えた最初の朝、出迎えてくれたのは鹿の挨拶。日本人はこんなにも自然を大切にしていると感動しました。周囲の古いお寺や民家などは、母国のテレビで見た『おしん』の世界にそっくりでした」

しかし、数日後に訪れた大阪で大都会の雑踏に出会い、日本という社会の多面性に驚かされる。

「日本はこんなにもいろいろな面を持っていて、何と面白い国なのだろうとこの時に改めて感じました」。

育ってきた経済的、社会的背景の違う日本の大学生達とは話題も合わず、なかなか馴染めなかった。しかし、彼は持ち前の明るさから周囲の人びとに愛され、すぐに日本社会に溶け込み、次々に新しい知識を吸収していった。〝外国人だから〟という理由による敬遠やイジメの経験は全くなかったという。

「何か日本的なことを学びたい」と自ら鮨《すし》職人に弟子入りしたこともある。「親方から叱られながら、鮨の握り方だけでなく、大切なことをたくさん教えてもらいました。今でも鮨は握れますよ」と葉さん。この時に体験した「職人気質」は、今でも彼の職業倫理として深く心に刻まれている。

現在の職業を選んだのは、学んだことを生かして社会に貢献したかったからだという。葉さんが現在取り組んでいる問題は「関西地域の活性化」である。特に「人材を集めるには？」という視点から、自分と同じ立場の外国人就業者にインタビューを重ねている。

「関西の良いところをもっともっと世界に発信し、世界中から人が集まってくる地域になれば、関西はもっと元気になる」と熱く語る葉さんだが、日本のサラリーマンへの注文も厳しい。「もっと個人個人の主張を明確にし、仕事に対して誇りと責任を持ち、職人のような考え方で自分の仕事に取り組むべきです」。

将来の夢を聞くと「周りの人が幸せで自分も幸せになるようなことができれば、それが一番ではないですか。それ以外にはあまり考えたことがないです」という答が間髪を入れずに返ってきた。もし時間的余裕ができれば、アジア中にいる、優れていながら消えてしまいそうな職人達の仕事を紹介するサイトをボランティアで立ち上げたい、と葉さんは語り、目を輝かせた。

外国人ゆえの目に見えない苦労や口に出せないプレッシャーもあるだろう。しかし、彼らの立場でなければ見えない日本社会の矛盾や問題点もある。グローバルスタンダードへ向けて「開国」を迫られる今日、日本の将来への道を示唆してくれる懸命でひたむきな海外からの援軍の声に、私達は真摯《しんし》に耳を傾けたい。

（〇一・九・八　三井）

多国籍企業

72 多国籍企業――越えられない国境と文化

今週の話題は多国籍企業である。昔は国際企業という言い方が普通だったが、いまは多国籍企業という。どうして変わったのかというと、厳密な定義では国際企業は成立しないからである。

人間と同じように会社にも国籍がある。本社の所在地を明らかにしなければならないし、会社登記をしなければ財産を持ったり、契約の当事者になることはできない。登記をして、会社として成立した上で他の国で活動する。あくまでもオフィスや工場は特定の国におかれていて、その国の法律に従わなければならい。

これに対して、国際（インターナショナル）というのは法律の方では国籍を脱してしまうことをいう。例えば、領土争いなどのときにその地域をどの国の統治からもはずして国際的に管理することが国際化という。その意味では、国際企業というのは実は無国籍企業で、どの国の法律にも従わないというニュアンスを持つ。

このために、さまざまに形を変えて自分の利益だけを追求する国際資本は存在しても、自由自在に国境を越えるという国際企業は成立しない。複数の国での活動を行うとしてもその範囲にすぎない。会社がどんなにがんばっても、従業員をすべて捨て去って、国境をすり抜けることは困難だろう。

実際、会社がどれほど多くの国と関連しても、それぞれの国の習慣や組織の組み方から全く離れることはできない。

例えば、会社の休日についても統一することは難しい。ユダヤ教とキリスト教とイスラム教は同じルーツを持つ宗教で、それぞれ安息日という宗教的行事を持っている。七日のうちの一日を休み、その日は神への感謝に当てるために働いてはいけない。

宗派のレベルでそれぞれに厳しさはあるが、けっこう厳しい決まりで、仕事はもちろん、火を使って料理してもいけないとか、ヨーロッパのカトリック国では日曜日に商店が開いていないことも少なくない。

また、ブラジルではかなり厳格に安息日の決まりをまもる人が多く、そのために、二四時間操業をしなければならない工場、例えば、製鉄所の高炉では、日曜日に働いているのは仏教徒の日系人だけだそうだ。

ところが、この三つの宗教の安息日はそれぞれに違っている。キリスト教は日曜日だが、ユダヤ教は土曜日、イスラム教は金曜日である。そうなると、もし国際企業が成立したとしてもいつを休日にすればよいのだろうか。

ある社会での工場ならば、その社会に合わせることになるのだが、全く自由に設定すると、それに適合しない文化が現れる。会社を成立させている決まりごとを外してしまうと、自由に決めてよいというよりも、決まらないことが多い。その決まりごとの構造を追求するのがわれわれが始めた「経営人類学」だ。

ところが、最近、本来の意味の国際企業が可能になってきた。ネット上のバーチャル企業である。あらゆる社会に忍び込んでくるこのような企業がどのような決まりごとに支えられているか、新たな研究課題である。

（〇一・一二・四　日置）

73　英語力――乗り遅れた日本語型経営

「本社からくる日本語のメールには英語で返事をしているんですよ」。シンガポールの現地法人に勤務する日本人派遣社員の言葉である。

英語が公用語化されているシンガポールの現地子会社に限らず、各国に派遣されている日本人社員は、日常の業務に加え、本国親会社から送られる大量の日本語の情報をその都度翻訳しなくてはならない。通訳や翻訳業を雇ったところで限界はある。現地側の窓口になる彼らにとり、この作業にかける時間や労力の負担は決して小さなものではない。

その上、本社発の日本語の情報にアクセスできない現地社員は疎外感を持つ。重要な意思決定の場に参画できないという彼らの不満から、組織の雰囲気がギクシャクすることもしばしばあるのだという。

多国籍企業のメリットの一つは、各国の人材を活用できることにある。日本企業の英語化への乗り遅れは、組織内の円滑なコミュニケーションを阻むばかりではなく、国際競争力の獲得という戦略的な課題にも通じる意味でかなり深刻である。このような危機を感じてか、近年、日本でも英語ブームが再来している。仕事帰りに駅前留学と称して英会話学校に通うビジネスパーソンも増えている。企業は英語のできる社員を育てるために、語学研修にも力を入れている。

社員の英語能力を測る基準にＴＯＥＩＣ（国際コミュニケーション英語能力テスト）がある。最近では、昇進基準にこのＴＯＥＩＣの点数を明示する企業も増えてきている。例えば松下電器産業では、主任以上への昇格基準に四五〇点、海外業務関係には六五〇点を課している。しかし、日本人の英語力はアジア諸国の中でも極めて低い。

筆者が、神戸大学の吉原英樹教授と帝塚山大学の岡部曜子助教授に随行した海外調査によれば、韓国の財閥系企業では、ここ数年、新卒採用時の平均点が八〇〇点台を下らない状況にある。香港や台湾企業では、母語さながらの流暢《りゅうちょう》な英語で日常業務をしている姿が印象に残った。

多国籍企業の進出ラッシュが目立つ中国においても、ここ数年英語ブームが広がっている。ドキュメント映画『瘋狂英語（クレイジー・イングリッシュ）』では、大声で英語を連呼する独特な学習法を確立した李陽氏を教祖のように崇《あが》め、多額の研修費を投じて英語習得に励む若者達が描かれている。中国の若者の間では、英語が立身出世のための心須アイテムであるというコモンセンスが浸透している。日本にくらべ、アジア諸国の英語化熱は凄《すさ》まじい求心力を伴って進行しているのだ。

故小渕恵三元首相が、私的懇談会で構想していた英語公用語化論には、賛否が議論されたことも記憶に新しい。企業のなかでは、語学研修の効用に業を煮やし、社内公用語を英語にしたスミダコーポレーションのような例も生まれつつある。

冒頭の派遣社員は言う。「現地では、毎日英語でビジネスをすることの重要性を肌身で感じているんです。日本へのメールやファックスを英語で返信することは、本社から国際化してもらうための一種の抵抗でもあるんです」と。国際競争力が問われる今日、日本発多国籍企業は、もはや日本語で経営する時代を乗り越えなくてはならないのであろうか。

（〇一・一二・五　澤木）

74　インドとIT――遅れてきた情報技術大国

ある日、インド人から電話がかかってきた。「ジャパニです。今、日本橋の電器店にいます。日本のビデオをインドでも使えますか」。数年前、インドのラジギールに調査にでかけたとき世話になった二〇歳代の青年からだった。

ラジギールには釈迦が説法をした霊鷲山があり、宗教関係の日本人で定住する者や、仏跡巡礼を兼ねた観光客も多い。ジャパニはそこで兄弟でガイド兼旅行業を自営している。「カタログが読めないので電話をしました。説明してくれても英語の単語が混じるのでよくわからなくて」という。日本語の会話には不自由しないが、英語はさっぱりダメ。学校に通えず読み書きができない。絵でメモをとる頑張り屋だ。

インドは三二八万平方キロメートルという広大な面積を持ち、二〇五〇年の人口予測が一五億人という大国。だが、日本では「四大文明の発祥国だが、今は文化や技術面で遅れた国」というイメージが横行している。

そのインドが今、世界的な情報技術国家として注目されている。九九年度のソフトウエア輸出額は四〇億ドル。米国に次ぐ世界第二位のソフトウエア輸出国だ。昨年度の速報では一三〇億ドルに達している。輸出先が北米に集中しているため日本ではなじみが薄いのかもしれない。

インドはまたＩＴ人材の世界的供給地としても有名。先進国の間で「ハイテク移民」の争奪戦が起こっている。ドイツやイギリスではインド人技術者に対しての労働ビザの大量発行と取得簡素化がすすめられ、米国でも発給枠の大幅な拡大が決定されている。

「南インドのバンガロールはソフト企業の集積地でインドのシリコンバレーと呼ばれています。ガンガー流域の北西インドでないことは残念ですが同じインドです。有線電話や地上波テレビは田舎には普及してません。電気も時々止まります。こんなインドでも世界の最先端のＩＴ技術がうまれていると思うと誇りです」とジャパニ。携帯電話を片手に日本の「かたりべ」を思わせるような記憶力だけを頼りに仕事をする。

一九九六年（平成八年）のインドの千人当たりのテレビ台数は六五台で日本の約十分の一、昨年の電話回線数は同じく二五で世界平均の一五〇回線よりはるかに低い。教育面でも、男女平均就学率は初等教育でこそ一〇〇パーセントだが、中等教育になると五割を切り、高等教育では平均六・五パーセント、男女別では男八パーセント、女五パーセントだ（一九九五年）。

しかし、現人口一〇億人の〇・一パーセントが自由に英語を操れるとして、その人口は一〇〇万人。国立インド工科大学（IIT）を頂点とする五〇〇余りの大学で技術者養成が英語によって精力的に行われている。現在のコンピューター言語の基礎は英語。英語に堪能な者にはソフト開発上の有利さもある。

一〇年前までのインドは、規制が厳しく関税率が高かった。その後の経済改革で、国内外の民間投資は促進、貿易も自由化。関税は段階的に引き下げられ、輸入規制も大幅に緩和された。その市場に豊富な人材。国家目標の「一〇年以内のIT大国化」も夢ではない。

われわれの世代は英語が不得意。でも論理的思考とは文字や外国語の上だけにあるのではない。頭の中の考えを口にだし、他人に伝える技能が大切。ジャパニを見習って日本人も恥を恐れず努力しよう。

（〇一・一二・六　廣山）

75　現地採用――仕事を仲介する「日系企業担当」

駐在員でも留学生でもない日本人がハノイに増えているという。典型は語学留学を終え、日系現地法人に就職した日本人たちである。かれらは「現地採用」、略して「現採」とよばれている。報告してくれたのは浦野篤也君。民博を基盤とする総合研究大学院大学でわたしが指導している博士課程の学生である。彼は二〇〇〇年五月からハノイで日系企業の現地調査に従事し、ときどき現地レポートを送ってくる。そのなかから「現採」の実態について紹介してみよう。

彼によれば、ハノイでこの雇用システムを採用している会社は、商社、銀行、製造業、ホテル、旅行会社、政府機関、病院など多様である。人数にすると十数人程度だが、ほとんどの業種を網羅し、じわじわと増えているという。

日系企業にとって「現採」は日本から派遣する駐在員よりも格安で雇える。ベトナムの外資系企業が一進一退を続けている現状では、経費節減につながることのメリットは大きい。しかし、それだけが理由ではないようだ。なぜなら、「現採」といえども日本人の場合には千ドルから二千ドルの月給を必要とし、大卒ベトナム人の外資系企業の初任給（約二〇〇ドル）にくらべればかなりの割高になるからである。

その疑問を解くために浦野君は「現採」の人たちに話を聞いてまわった。そしてわかったのは「日系企業担当」という言葉だった。

日系企業がハノイに本格的に進出しはじめたのは一九九〇年代である。現在、ハノイ日本商工

会には約一二〇社が加盟している。そして日系企業や日本人を相手にする「日系企業担当」という職種ができあがった。

どうやら日系企業や日本人と仕事の契約を結ぶために、どうしても日本人が必要とされる構造が存在するのである。これはたんなる言語や給料の問題ではない。「日系企業担当」という職種にかかわる需要なのだ。それが「現採」を後押しする形になっているのである。

現に、ハノイで親しくなった浦野君の日本人の友人も、「現採」をめざして就職活動を始めた。

日系企業の連絡先を調べ、ｅメールを現地支店長や社長宛に送付したり、直接会社を訪問して守衛や受付に手紙を手渡したりした。ホームページで求人欄をさがし、会社もちとはいえ、南部の大商業都市ホーチミン市まで、面接のため飛んだこともある。そこではベトナム語の口頭試験もあったらしい。残念ながら採用には至らなかったけれども、そこには日本の就職活動のように、はがき書き、企業セミナー出席、ＯＢ訪問、面接というような順序は存在しなかった。

そのホーチミン市では最近、日系の会社ではたらく日本語のできる大卒ベトナム人の給料が、以前より低く押さえられるようになったという。教えてくれたのは帝塚山大学大学院の修士課程で学ぶボティ・マイフォンさん。わたしの講義を聞いている学生の一人だ。彼女によると、最初は大手の商社が高給で採用していたが、近頃進出した日系企業は暗黙に協定して財布の紐をかたく締めているのだそうだ。

日本人にしろベトナム人にしろ「現採」はその資質と雇用条件がきびしく問われはじめている。これはたんなる経費節減の問題ではなく、ベトナムにおける日系多国籍企業の成熟の証と見ることもできよう。

（〇一・一二・七　中牧）

76　マクドナルド——ローカリゼーションの象徴

大阪・南港のワールド・トレードセンタービルに入ると、左にスターバックス、右にマクドナルドが出迎えている。この象徴的な空間を通るとき、私は交差した時間を歩いている気になる。

日本は米国に続いてマクドナルドの店数が多い国であるが、中国の第一号店は一九九二年、北京の天安門広場付近にオープンした。毛沢東時代の禁止が解けて以来、さまざまな資本主義の「文化」が導入されてきている。マクドナルドもその典型であり、オープンするや否や「熱烈」歓迎されてきたが、あの何千年の食文化体系を持つ社会が、簡単にマクドナルドを受け入れるのだろうか。

中国の人々にとって、マクドナルドはアメリカの象徴であり、近代化の象徴である。富の象徴、民主主義の象徴なのである。実際、マクドナルドの「レストラン」では、ウェイターが着座した客に注文を取ることはなく、逆に客が行列を作りオーダーを待つ。食べた食器は客自らが捨てに行く。既存のレストランでの食事の概念は覆されている。

しかし、まさにそのことが「進んでいる」のであり、マックは台頭してきたヤッピーが好む空間となっている。むろん、家族連れも多いのだけれど、家族が一同に食事をすればブルーカラーの場合、給料数週間分の金額が請求されることになり、そうは行けない。日本でも、銀座に一号店ができた時は、「経験するために」マックを目指した人たちが多かった。共通しているのは、自らがアメリカ的ライフスタイルと感受したものを消費している点である。

マクドナルドはファーストフードのレストランである。が、中国の人々はファーストフードとは思っていない。ゆっくり時間をかけて経験を味わいながら、ハンバーガーを食べる。日本や台湾、香港でも現在、学校帰りの中高生御用達の場で、宿題までしてしまう溜《た》まり場でもある。消費形態はむしろスローなのだ。

昨今、グローバリゼーションが喧伝《けんでん》されているが、実際はアメリカナイゼーションのことである。とすると、マックはグローバリゼーションの尖兵《せんぺい》である。事実、ビッグ・マックを各国の物価の尺度に用いる経済学者もいる。これは、マックの持つグローバルな側面である。「ファーストフードが世界を食い尽くす」とか、「マクドナルド化する社会」といった文化帝国主義の議論があるが、それらは旧来の文化を破壊して、世界規模で文化の画一化を促すということである。たしかに、マクドナルドはアジア地域の習慣を変えた。たとえば、行列、店員の応対（スマイル＝〇円）、トイレの清潔さなどといった点では、既存の地域社会の習慣を変えてきている。

しかし、国によって照り焼きバーガー、羊肉のマハラジャ・マックやプルコギ・バーガーといったメニューの存在を別にしても、マックが多様な地域社会に入る時、その存在の意味は地元の人々によって変更される。人々の自在な「読み替え」によって、マックとは違う「マクド」になっているのだ。つまり、グローバルな文化は地域文化に影響を与えるが、前者は後者によって変更を余儀なくされ、後者に適応しながらしか存在しえない。マックは世界中同じという考えが支配的なだけに、逆にローカリゼーション＝現地化のわかり易い例として象徴的な存在となりえよう。

（〇一・一二・八　前川）

出水 力（でみず・つとむ）
昭和20年生まれ。工作機械メーカー・大阪府公立高等学校を経て大阪産業大学教授。専門は産業技術論、経営史、経営人類学。主な著書に『オートバイの王国』『町工場から世界のホンダへの技術形成の25年』『オートバイ・乗用車産業経営史』など。

前川啓治（まえがわ・けいじ）
昭和32年生まれ。筑波大学国際総合学類助教授。経済・経営人類学。オセアニアの開発の人類学の研究。現在はファーストフードのグローバル化についての調査をおこなっている。著書に『開発の人類学』。

山田慎也（やまだ・しんや）
昭和43年生まれ。国立歴史民俗博物館助手。民俗学、経営人類学。現代社会における葬儀や死の観念を研究。主な論文に「社葬はいつ成立したか——新聞の死亡広告を中心にして」「行く末よりも来し方を——生花祭壇における死者の表現」など。

＊

田主 誠（たぬし・まこと）
昭和17年生まれ。版画家。昭和52年から平成５年まで国立民族学博物館勤務。民族博物誌シリーズの版画を出版物、新聞などに発表している。８年に「ニューヨーク国際メディア・フェスティバル」で銀賞。著者に『川端少年の歩いた道』など。

＊

宇野 斉（うの・ひとし）
昭和35年生まれ。法政大学社会学部助教授。富山大学経済学部講師・助教授、流通科学大学情報学部助教授を経て現職。組織論、ネットワーク論。サラリーマンの経験から会社と社会と人のつながりとしてのネットワーク、そのメディアと情報に関心がある。

澤木聖子（さわき・しょうこ）
昭和40年生まれ。滋賀大学経済学部助教授。専門は国際人的資源管理、異文化間マネジメント。アジアを中心に人的資源管理の国際比較、組織文化の移転、経営行動などを現地調査。共著に『英語で経営する時代』。

澤野雅彦（さわの・まさひこ）
昭和26年生まれ。九州国際大学経済学部教授。富山大学助教授、英国暁星国際大学教授などを経て現職。専門は人事管理論。学生の就職を追跡。著書に『現代日本企業の人事戦略』。

砂川和範（すながわ・かずのり）
昭和43年生まれ。日本大学教員。日本学術振興会特別研究員を経て現職。専門は経営戦略・組織・イノベーションの史的研究、とくに地域中小企業経営論。論文に「大田区7380社の創業データ解析」「日本ゲーム産業にみる企業者活動の継起と技術戦略――セガとナムコにおけるソフトウェア開発組織の形成」など。

出口竜也（でぐち・たつや）
昭和39年生まれ。徳島大学総合科学部助教授。専門は経営学、国際経営論。日本企業の国際化戦略が主な研究テーマ。主な共著に『日本的経営の本流』、『経営学への旅立ち』など。

執筆者・版画家紹介

中牧弘允（なかまき・ひろちか）
昭和22年生まれ。国立民族学博物館・総合研究大学院大学教授。専門は宗教人類学、経営人類学。日本のほか米国、ブラジルなどで人類学的調査に従事。主な著書は『むかし大名、いま会社』『経営人類学ことはじめ』（日置弘一郎と共編）『社葬の経営人類学』（編）。

日置弘一郎（ひおき・こういちろう）
昭和24年生まれ。京都大学経済学部教授。九州大学経済学部助教授などを経て現職。組織論、経営人類学。OL、旅館の女将など幅広く研究。著書は『出世のメカニズム』『文明の装置としての企業』『市場の逆襲』など。

廣山謙介（ひろやま・けんすけ）
昭和29年生まれ。甲南大学経営学部教授。長崎大学経済学部助教授などを経て現職。経営史、経営人類学。「鴻池善右衛門」など近世商家の研究、塩業史の研究、ヨーロッパの企業博物館の調査などにたずさわる。

住原則也（すみはら・のりや）
昭和32年生まれ。天理大学国際文化学部助教授。ニューヨーク大学大学院人類学科で博士号取得。大手総合電機メーカーの米国法人で、長期間フィールド・ワーク。複数文化から成る職場の人類学的研究、伝統文化と国際化などがテーマ。

三井 泉（みつい・いずみ）
昭和32年生まれ。帝塚山大学経営情報学部教授。福島大学助教授、米国エール大学客員教授などを経て現職。経営組織論、経営思想の日米比較などがテーマ。東北地方のベンチャー企業の調査などに従事。化粧品小売業の経営も経験。

会社じんるい学　PARTⅡ

2003年４月21日　初版第一刷発行

著　者——中牧弘允
日置弘一郎
廣山謙介
住原則也
三井　泉　他
挿　画——田主　誠
発行者——今東成人
発行所——東方出版㈱
〒543-0052　大阪市天王寺区大道1-8-15
Tel. 06-6779-9571
Fax. 06-6779-9573
印刷所——日本データネット㈱

落丁・乱丁はおとりかえいたします。

ISBN4-88591-834-0